当妈是一场邂逅与修行

林雅萍 编著

北方妇女儿童出版社

·长春·

版权所有　侵权必究

图书在版编目（CIP）数据

当妈是一场邂逅与修行 / 林雅萍编著. -- 长春：北方妇女儿童出版社，2025．1．-- ISBN 978-7-5585-8851-8

Ⅰ．G78

中国国家版本馆CIP数据核字第20243BB930号

当妈是一场邂逅与修行
DANG MA SHI YICHANG XIEHOU YU XIUXING

出 版 人	师晓晖
责任编辑	李绍伟
装帧设计	天下书装
开　　本	880mm×1230mm　1/32
印　　张	7
字　　数	120千字
版　　次	2025年1月第1版
印　　次	2025年1月第1次印刷
印　　刷	三河市南阳印刷有限公司
出　　版	北方妇女儿童出版社
发　　行	北方妇女儿童出版社
地　　址	长春市福祉大路5788号
电　　话	总编办：0431-81629600
定　　价	39.80元

前言

人生的每一场邂逅，都值得我们珍视与深思，而妈妈与孩子之间的这场邂逅，更是最为温柔而深刻的相遇。《当妈是一场邂逅与修行》这本书，便是对这份特殊缘分与心路历程的深情描绘。它不仅聚焦于育儿的琐碎与挑战，还是一次心灵深处的探索之旅，引领我们走进妈妈这一角色背后丰富而复杂的情感世界。

从成为妈妈的那一刻起，我们的世界便被赋予了新的色彩与意义。孩子的每一次呼吸、每一个纯真的微笑，都如同生命的奇迹，让我们的心灵得到了前所未有的滋养与触动。然而，妈妈这个角色并非总是铺满鲜花与掌声，她也伴随着挑战、困惑，甚至是对自我价值的深刻反思。正是在这些复杂情感的交织与碰撞中，我们悄然踏上了名为"妈妈"的修行之路，开始了一场关于爱、成长与自我超越的深刻探索。

本书超越了传统育儿指南的范畴，更多地关注妈妈内心的成长与变化，以及如何在倾注爱的同时学会更加珍视与爱护自己。它告诉我们，成为妈妈不仅是一次生命的延续，还是一次自我发现与成长的旅程。

我们坚信，每一位妈妈都是一本独一无二、未完待续的书卷，每一页都镌刻着专属的故事与智慧。在本书中，你将看到一些在育儿道路上普遍存在的问题与挑战，还能从中获得新的启示与力量，让你在这场育儿的修行中，感受到温暖与陪伴，不再孤单前行。

让我们携手踏上这场奇妙的旅程，一同探索关于爱、成长与自我实现的无限可能。在孩子的欢声笑语中，我们将找到生命的意义与价值；在他们的泪水背后，我们将学会坚韧与不屈。最终，我们会发现，原来成为妈妈，真的是一场最美的邂逅，也是最深刻的修行。她不仅让我们体验到了生命的奇迹与美好，还让我们在爱的付出与成长中，焕发出世间最温柔且坚定的光芒。

愿每位翻开本书的妈妈，都能在其中汲取温暖与力量，持续成长。因为正是这份不懈的努力与修行，才让"妈妈"这个词变得如此神圣而伟大。

第一篇　邂逅孩子，用科学的理念养育孩子

尊重孩子的成长规律，不要揠苗助长 / 002
激发孩子的学习兴趣，培养自主学习的内驱力 / 010
引导孩子学会独立思考，爆发自立的小宇宙 / 018
引入时间概念，帮助孩子养成正确的时间观念 / 026
教会孩子正确面对挫折，变得更加坚韧和自信 / 034
溺爱并不是真的爱孩子，要学会对孩子说"不" / 042

第二篇　邂逅自己，再也不做焦虑的妈妈

拒绝焦虑，每个孩子都有属于自己的人生 / 052
尝试发现孩子的优点，别盲目羡慕别人家的孩子 / 060
家庭教育要有弹性，别让你和孩子都觉得累 / 068
起点不会决定终点，别把起跑线看得太重 / 076
别让你的爱变成负担，尝试和孩子做朋友 / 084
收起你的控制欲，把孩子当成一个独立的个体 / 092

第三篇　自我调整，属于妈妈的自我修行之旅

当妈后的身份转变，要学会自我认同 / 102

放下内心的焦虑不安，做个觉醒的妈妈 / 110
停止无意义的内耗，做个乐观快乐的妈妈 / 118
学习永无止境，不断提升自己的教育理念 / 126
收起多余的担心，给孩子大胆试错的机会 / 134
懂得调控自己的情绪，做个内核稳定的妈妈 / 142
把握好自由与约束的边界，让孩子变得更自律 / 150
教育孩子要严而有度，适度宽松才能更好地成长 / 158

第四篇　沟通理解，属于亲子关系的修行之旅

换个方式去沟通，别刚一开口就"喷火" / 168
把孩子当朋友，静下心来聆听孩子的需求 / 176
和孩子一起保持积极乐观的心态，生活其实没什么大不了 / 184
学会适度放手，给孩子一个自由成长的空间 / 192
及时疏解孩子的情绪，守护孩子内心的健康 / 200
懂得以身作则，帮助孩子培养人生责任感 / 208

附　录

妈妈与孩子的沟通话术 / 216

第一篇

邂逅孩子，用科学的理念养育孩子

作为妈妈，拥有科学的养育理念至关重要。妈妈是孩子成长路上的引路人，她的每一个决定都影响着孩子的未来。科学喂养可以确保孩子身体健康，良好的情感沟通则让孩子的心灵得到滋养。妈妈不仅可以满足孩子物质上的需求，而且是孩子精神上的支柱。她教会孩子如何面对挫折，如何独立思考。在妈妈的科学养育下，孩子才能够全面、均衡地成长，不仅身体健康，而且心智成熟。

尊重孩子的成长规律，不要揠苗助长

近年来，很多"神童"的出现，大多是家长培养的结果。但这些孩子长大后，常因缺乏社交经验而陷入困境。孩子成长有其规律，妈妈不能急于求成，过早强迫孩子学习可能会给孩子带来压力，甚至影响未来。因此，妈妈应该尊重孩子的成长规律，避免"揠苗助长"。

孩子在成长的过程中，各个阶段都有其特点，如思维发展：0~3岁靠动作引导，4岁过渡至形象思维，5~6岁则向抽

第一篇 邂逅孩子，用科学的理念养育孩子

象思维发展。如果孩子过早入学，抽象思维未发育成熟，学习数学会非常困难。同样，写字需要精细动作和视觉协调，如果孩子手部肌肉尚未发育完全，书写自然会吃力。如果妈妈误认为这是学习态度问题，实则可能误解了孩子。蒙台梭利提醒我们，成长有其规律，过分干预只会适得其反。因此，妈妈应尊重孩子的成长节奏，给予他们适当的支持和引导。

亲子难题

鹏鹏的妈妈一直是个热衷于早教的人，她坚信"早起的鸟儿有虫吃"。所以，从鹏鹏四岁起，她就开始教鹏鹏学习写字和数学知识。

然而，鹏鹏上小学后，他的字写得越来越不工整，握笔姿势也显得很别扭。老师在课堂上纠正了很多次，但鹏鹏总是下意识地使用他原来的写字方式上。他的数学成绩也不再像之前那样出色，甚至有时候连简单的加减法也会算错。

妈妈看着鹏鹏的变化，心中充满了疑惑和焦虑。她开始反思自己的教育方式，是不是自己太心急了，过早地让鹏鹏接触这些知识，反而打乱了他的学习节奏？

孩子从出生到上幼儿园是习惯与思维养成的关键期，而非单纯追求知识量的阶段。然而，许多家长急于求成，让孩

子过早地学习写字和数学知识。这导致孩子在不合适的年龄就开始大量书写,姿势和笔画不规范,给未来的学习埋下隐患。进入小学后,孩子对学习内容理解不深,写字姿势难以纠正,数学思维受限。很多妈妈都渴望孩子快速成长,却忽视了成长需要时间和过程。因此,妈妈应尊重孩子的成长规律,给予孩子足够的时间和空间去自主发展。

亲子树洞

孩子的成长各有各的节奏,受个性、智力、环境等多种因素的影响。有的孩子早慧,有的孩子大器晚成。妈妈不必因孩子暂时落后而焦虑,因为每个孩子都有其独特的才能和天赋。就像人有不同的智能一样,孩子也有自己的"最佳才

第一篇 邂逅孩子，用科学的理念养育孩子

能区"。家长应尊重不同孩子之间的差异，避免过早地给孩子下结论，不应期望孩子样样出色。每个孩子都是独一无二的，妈妈应鼓励孩子发掘自己的潜能，而不是盲目地比较和施加压力。只有这样，孩子才能健康、快乐地成长。

智慧妈妈

在处理亲子关系时，智慧的妈妈会深知每个孩子都是一个独立的个体，拥有自己独特的成长路径和节奏。

首先，妈妈要了解并尊重孩子的身心发展规律，这不仅关乎其生理成长，还包括心理和情感的发展。通过阅读育儿书籍、参与亲子活动或与其他家长交流，妈妈可以不断积累育儿知识和经验，从而更好地适应和引导孩子的成长。

其次，妈妈应尊重孩子的独立性，鼓励他们独立思考和解决问题。随着孩子年龄的增长，他们渴望展现自我，这时妈妈的支持和信任将是对他们最大的鼓舞。

再次，关注孩子的个性特点是建立和谐亲子关系的关键。妈妈应及时捕捉孩子在性格、兴趣和能力方面上的独特之处，并据此调整教育方式，鼓励孩子发挥优势，同时帮助他们弥补不足之处。

然后，关注孩子的心理健康同样重要。一个温馨和睦的家庭环境、妈妈的关爱和倾听，都能帮助孩子建立积极的心理状态，形成健康的心理素质。

最后，启发性教育原则对于激发孩子的学习兴趣和主动性至关重要。妈妈应善于启发和诱导，引导孩子积极探索，让孩子发现学习的乐趣。在孩子遇到困难时，不要急于给出答案，而是给予适当的引导，让孩子自己思考，独立解决问题。这样，孩子不仅能学到知识，更能培养其独立思考和解决问题的能力。

故事时间

闹闹今年五岁，活泼好动，想象力丰富。妈妈始终坚信，孩子的想象力和正义感是他宝贵的财富，因此总是鼓励他尽情玩耍。然而，当看到朋友晒出她儿子写的字和画的画

第一篇　邂逅孩子，用科学的理念养育孩子

儿时，闹闹妈妈开始感到焦虑，担心儿子会输在起跑线上。

在这种焦虑的驱使下，闹闹妈妈先后购买了字帖和绘画书籍，强令儿子学习写字、画画儿。然而，效果并不如她所愿。闹闹对写字和画画儿感到困惑和抗拒，每次都眼泪汪汪的。闹闹妈妈开始反思，意识到自己的教育方式过于急躁，没有考虑到儿子的实际情况。

为了解决问题，她改变了策略，决定用游戏的方式让儿子熟悉纸笔，让他在玩耍中学习。于是，她和闹闹一起玩涂鸦游戏，让儿子自由发挥，不再强调写字和画画儿的正确方式。渐渐地，闹闹对纸笔产生了兴趣，开始主动拿起笔来涂鸦。

随着时间的推移，闹闹在涂鸦中自然而然地学会了写数

字和简单的汉字，也爱上了画画儿。他不再抗拒写字和画画儿，反而对此产生了浓厚的兴趣。现在，他们每天晚上都会一起写字涂鸦，分享彼此的作品。

写给妈妈的话

　　妈妈，我知道我的成长是您心中最重要的事情。但您知道吗？我的内心世界其实远比您想象的更为丰富和复杂。我知道您一直在努力用最好的方式教育我，但我更希望您能理解我成长的步伐和规律，并在我需要的时候给予我恰当的引导。

　　妈妈，我知道您对我期望很高，但请不要对我操之过急或期望过高。您的压力和负面情绪，我其实都能感受到，这让我有时候也会感到不安和焦虑。我更希望您能看到我的优点，尊重我的兴趣和选择，帮助我发展自己的特长。

　　我知道您总是希望我能学习各种知识和技能，但请您相信我，我并不是不喜欢学习，我只是希望我能按照自己的节奏和兴趣去探索这个世界，去尝试我真正热爱的事情。我相信，只有这样，我才能在快乐中成长，成为更好的自己。

激发孩子的学习兴趣，培养自主学习的内驱力

小满是个热爱文学的六年级学生，但他的父母坚持让他学奥数，认为这对中学学习有帮助。于是，他们给小满报了奥数班，并对他要求严格，几乎剥夺了他全部的休闲时间。然而，这种控制让小满对奥数产生了反感，甚至对原本喜爱的文学也失去了兴趣。

生活中，像小满这样的孩子并不少见，他们因缺乏学习兴趣而苦恼，家长同样为此犯愁。其实，学习本应是件快乐的事情，如果孩子对学习产生了兴趣，他们就会热情地投入，积极发掘自身的潜能，从而取得优异的成绩。因此，妈妈在教育孩子时，应着重培养孩子的学习兴趣。正如歌德所说："没有兴趣，就没有记忆。"妈妈应该善于发现并激发孩子的兴趣，让孩子感受到学习的乐趣，这样他们才会主动、愉快地学习，从而享受到学习的快乐。

第一篇 邂逅孩子，用科学的理念养育孩子

 亲子难题

张磊从小就对各种知识充满了好奇，他喜欢阅读、画画儿，还喜欢研究那些有趣的科学实验。然而，他的妈妈却总是对他的兴趣爱好持质疑的态度。

每次张磊拿起画笔开始创作时，妈妈就会在一旁唠叨："画这些有什么用？还不如多背几篇课文。"当张磊对某个科学问题产生疑问想要探索时，妈妈又会说："你整天想这些没用的东西，考试能考好吗？"

张磊尝试过向妈妈解释自己的兴趣和梦想，但妈妈总是用现实和成绩来反驳他。她认为，只有取得好成绩，将来才能有个好出路，而不是浪费时间去追求那些"无用的"爱好。

妈妈的这种态度让张磊倍感压力,他开始怀疑自己的兴趣和爱好是否真的毫无价值,甚至开始对自己的未来感到迷茫。他渴望得到妈妈的理解和支持,但每次尝试沟通都以失败告终。

渐渐地,张磊变得沉默寡言,对学习也失去了往日的热情。他开始逃避与妈妈交流,害怕再次听到那些打击他个人兴趣爱好的话。然而妈妈并没有察觉到张磊的变化,她依然沉浸在自己的观点中,继续用她的方式打击着孩子的学习热情,最后张磊的学习成绩也越来越差。

兴趣是孩子最好的老师,但现实中有很多孩子对学习不

第一篇　邂逅孩子，用科学的理念养育孩子

感兴趣。这往往是因为他们的需求太容易得到满足，缺乏深入探索的动力。而这背后，往往与妈妈对孩子的兴趣不够尊重有关。

在家庭中，妈妈通常扮演着重要的教育角色。然而，如果妈妈总是按照自己的想法和期望来安排孩子的学习和生活，不顾及孩子的兴趣和意愿，那么孩子可能会感到束缚和压抑，就会对学习产生厌倦感。

为了让孩子重新找回对学习的热情，妈妈需要更加尊重孩子的兴趣。首先，妈妈应该花时间去了解孩子的兴趣和爱好，了解他们喜欢做什么，对什么感兴趣。其次，妈妈可以陪伴孩子一起探索这些领域，鼓励他们尝试不同的学习方法和活动。

当孩子面临困难时，妈妈不要急于替他们解决问题，而是应该给予适当的引导和支持，帮助他们建立自信，学会从失败中吸取经验教训。同时，妈妈也要尊重孩子的选择，让他们在自己感兴趣的领域自由发挥，展现自己的才华和创造力。

智慧妈妈

为了更有效地激发孩子的学习兴趣，智慧妈妈需要采取一系列有针对性的策略。

首先，应培养孩子多方面的兴趣，除了学科知识外，艺术、体育、科技等领域同样能激发孩子的学习兴趣。妈妈应鼓励孩子尝试多样化的活动，帮助他们发现自己的潜力和兴趣所在。

其次，应积极肯定孩子的进步和成就，及时给予鼓励和赞扬。这种正面的反馈能够增强孩子的自信心，让他们感受到自己的价值和努力被认可，从而激发他们持续学习的动力。

再次，需要帮助孩子设定具体而实际的学习目标。明确的目标不仅能为孩子提供清晰的学习方向，还能让他们在学习的过程中获得成就感。同时，要适度增加挑战，鼓励孩子从易到难、循序渐进地学习。

第一篇　邂逅孩子，用科学的理念养育孩子

然后，应引导孩子体验学习的乐趣。避免过度强调学习的艰辛，而应强调学习过程中的快乐和成就感。妈妈可以与孩子共同探索新知识，分享学习的乐趣，让孩子在轻松愉快的氛围中爱上学习。

最后，应带孩子走进大自然和社会生活中，帮助他们拓宽视野、增长见识。通过参观博物馆、参加户外活动等方式，让孩子感受到学习的无限可能和魅力。这不仅能丰富孩子的知识储备，还能激发他们的探索欲和求知欲。

故事时间

林跃是个活泼好动的孩子，但对学习总是提不起兴趣，他的学习成绩在班上总是排名倒数第一，这让妈妈倍感苦恼。

刚开始，妈妈尝试利用各种传统的方法来激发林跃的学习兴趣，比如，给他买各种学习资料、报补习班，但效果都不

尽如人意。林跃对学习依然毫无热情，反而变得更加抵触。

有一天，妈妈无意间发现林跃对家里的旧相机很感兴趣，经常拿着它拍照。她灵机一动，决定尝试从林跃的兴趣入手，来激发他的学习欲望。

于是，妈妈开始带林跃去图书馆借阅与摄影有关的书籍，一起探讨摄影技巧和艺术。他们还一起参加了社区的摄影比赛，林跃在比赛中获得了不错的成绩，这让他感受到了学习的乐趣和成就感。

随着对摄影的深入了解，林跃开始对其他领域也产生了兴趣。他主动要求学习关于光线、构图、色彩搭配等方面的知识，还开始涉猎一些与摄影相关的历史和文化。妈妈发现，林跃的学习态度发生了翻天覆地的变化，他开始享受学习的过程，不再觉得学习是一件枯燥无味的事情了。

写给妈妈的话

妈妈,我想和您谈谈关于我学习的事情。我知道您都是为了我好,想要为我规划好每一天的日程,但有时候我真的觉得有些压力和束缚。我希望您能给我一个更宽松、自由的学习环境,让我有足够的时间和空间去探索自己真正感兴趣的领域。

当我专注于做我喜欢的事情时,比如阅读、绘画或手工,希望您能给我足够的耐心和信任,不要总是打断我。我想自己面对问题,尝试去解决它们。这样,我不仅可以锻炼自己独立思考的能力,也会更有成就感。

妈妈,我知道您总是认为自己很了解我,但我也有自己的想法和喜好。我是独一无二的,我有自己的天赋和兴趣。希望您能多听听我的想法,尊重我的选择。我相信,只有当我真正热爱某件事情时,我才会更加投入和专注地去学习。

所以,妈妈,请让我因为热爱而学习吧!我相信在这样的学习过程中,我不仅能够学到知识和技能,还能真正享受学习给我带来的乐趣和成就感。

引导孩子学会独立思考，爆发自立的小宇宙

在现实生活中，许多妈妈在教育孩子时矛盾重重：既鼓励孩子自主面对挑战，又因担忧其经验不足而频频插手。这种过度保护不仅容易让孩子失去独立解决问题的能力，更抑制了他们的思维成长。作为妈妈，应该信任孩子，给予其自主空间，培养其独立思考与解决问题的能力。

在教育孩子的时候，妈妈需要自我审视，是否因过度关爱和呵护，无意中限制了孩子自我探索和实践的权利。这种持续的行为可能会使孩子形成懒惰和软弱的性格，缺乏坚定的意志和独立处理事务的能力。长此以往，孩子可能会变得过度依赖他人，面对挑战时缺乏果断和创造性。因此，妈妈应鼓励孩子独立面对生活，培养其自主性和决断力，让孩子在挑战中不断成长，学会独立思考和行动。

第一篇 邂逅孩子，用科学的理念养育孩子

亲子难题

罗兰是个依赖性极强的孩子，这种依赖性很大程度上缘于妈妈对她的溺爱。在妈妈眼中，罗兰是她的心头肉，是世界上最珍贵的宝贝，因此她总是尽可能地满足罗兰的一切需求，无论大小。

在学校，罗兰总会遇到学习上的各种困难和挑战。每当她感到困惑或无助时，妈妈总是第一个站出来为她排忧解难。无论是数学难题、语文作文，还是科学实验，妈妈都能迅速找到答案或给出详尽的指导方法。罗兰无须费力思考，只需按照妈妈的指导去做，便能轻松取得优异的成绩。然而，这种过度的帮助却让罗兰逐渐失去了独立思考和解决问题的能力。

在家里，妈妈更是对罗兰宠爱有加。她从不要求罗兰做家务，甚至连罗兰自己的玩具和衣物也是妈妈亲自整理。每当罗兰想要什么东西时，妈妈都会毫不犹豫地买给她，无论是否实用。这种无条件的溺爱让罗兰渐渐变得娇生惯养，她习惯于依赖妈妈，失去了自立和自主的能力。

看着罗兰在溺爱中逐渐失去自我，妈妈心里也感到一丝不安。她知道，这样的教育方式对罗兰的成长极为不利。但是，每当看到罗兰那纯真无邪的笑容时，妈妈又忍不住继续溺爱下去。

在孩子的成长过程中，我们首先要明白他们开始拥有独

立意识的时间其实比我们想象的要早得多。因此,我们要鼓励他们独立思考、勇于探索,成为一个有思想、有能力的人。

为了实现这一目标,我们要在日常生活中多与孩子交流,分享彼此的想法和感受。通过交流,我们不仅能了解孩子的内心世界,还能帮助他们树立正确的价值观。同时,这也是培养孩子独立思考能力的好机会,我们可以引导他们表达自己的观点,倾听他们的想法。

当然,除了交流,我们还可以陪孩子共同探索他们感兴趣的事物。这不仅能让孩子学到知识,还能激发他们的好奇心和求知欲。当孩子提出问题时,我们要引导他们自己去寻找答案,而不是直接给出答案,这样可以更好地培养他们独立思考的能力。

同时,我们要用亲和力和耐心陪伴孩子成长。我们要相信,通过我们的引导和支持,孩子一定能够成为一个独立、

自信、有思想的人，在面对未来的挑战时会更加坚强。

在培养孩子勤于动脑、独立思考的习惯上，妈妈的作用至关重要。一位智慧的妈妈应当采取以下策略：

首先，妈妈应当积极为孩子创造一个自由、开放的学习环境，让孩子在实践中感受学习的魅力。当孩子对某个问题产生疑惑时，妈妈不要急于给出答案，而是引导孩子自主寻找答案。

其次，妈妈要培养孩子自立、自强的意识。让孩子学会自己管理生活，独立完成一些力所能及的家务，这样不仅能提升他们的自理能力，还能帮助他们建立自信心和责任感。

在孩子思考的过程中，妈妈应积极参与其中，与孩子共同讨论、分析。倾听孩子的观点，适时给予他们指导和建议。

余力的妈妈一直希望他能成为一个有独立思考能力的孩子。但起初，她的引导方式并不正确。

每当余力提出问题时，妈妈总是急于给出答案，比如，

第一篇　邂逅孩子，用科学的理念养育孩子

他说:"妈妈，为什么树叶会变黄？"妈妈会立刻说:"因为秋天到了，树叶中的叶绿素减少了。"这种直接的回答虽然解决了余力的疑问，但他并没有真正参与到寻找答案的过程中。慢慢地，余力开始失去了探索的乐趣，变得越来越不爱学习。

为了让余力重燃学习的兴趣，妈妈决定改变她的引导方式。一天，余力看到一只蝴蝶在花丛中飞舞，他好奇地问:"妈妈，蝴蝶为什么喜欢花？"

这次，妈妈决定改变方法。她微笑着说:"你仔细观察一下，看看蝴蝶在花丛中做些什么。"

余力瞪大了眼睛，仔细观察起来。他发现蝴蝶在花上吸食花蜜，还在花朵间翩翩起舞。他兴奋地告诉妈妈:"妈

妈，蝴蝶在花上吸食花蜜，它们好像很喜欢花！"

妈妈点点头，称赞道："余力，你观察得很仔细。蝴蝶喜欢花，是因为它们可以从花中获取营养。这就是蝴蝶喜欢花的原因。"

从那以后，妈妈不再直接告诉余力答案，而是引导他自己去观察、去探索，让他在实践中学习、在体验中成长。此后，余力的独立思考能力得到了极大的提升，他变得更加自信、更加勇敢。

妈妈，我想和您聊聊关于培养我独立思考能力和勤于动脑的习惯的问题。

首先，当我提出问题时，我希望您能稍微耐心一些，不要急于给出答案。相反，您可以引导我如何去找到答案，比如鼓励我去查阅书籍、上网搜索或者观察实物。我相信，这样的过程不仅能帮助我学会解决问题的方法，还能激发我的求知欲和探索欲。

其次，如果您遇到不确定问题的时候，也不要害怕告诉我。我知道每个人都有自己的知识盲区，您可以坦诚地告诉我您也不太清楚，但会尽快和我一起寻找答案。这样不仅不会让我觉得失望，反而会让我觉得学习是一个持续的过程，需要不断地探索和发现。

最后，当面对一些复杂或深奥的问题时，我希望我们能一起探讨和研究。我相信，在共同寻找答案的过程中，我们的关系会变得更加亲密，我也能学会合作和分享。

总之，妈妈，我希望您在培养我独立思考能力和勤于动脑的习惯时，给予我更多的引导和鼓励。

引入时间概念，
帮助孩子养成正确的时间观念

引导孩子树立正确的时间观念至关重要，教会他们懂得珍惜时间、合理规划日常生活与学习时间，是通往成功与幸福的关键。妈妈们要让孩子明白，每一分、每一秒都弥足珍贵，只有有效利用时间，才能收获充实的人生。

孩子时常在不经意间让时间悄然溜走，这背后往往是因为他们尚未真正领会时间的真谛。作为妈妈，我们有责任让孩子真正认识到时间的价值和意义。我们可以从生活的各种细节出发，比如，用日升月落、四季交替来讲解时间的流转，再借助钟表和日历，帮助孩子更直观地理解时间的概念。这样一来，孩子便能更加深刻地理解时间，从而更加珍视和有效地利用时间。

每个妈妈都希望自己的孩子能善于管理时间。简单来说，时间管理就是妥当安排时间，快速有序地完成每件任务，

第一篇 邂逅孩子，用科学的理念养育孩子

确保效率和效果达到预期。在日常生活中，我们要指导孩子养成好习惯，做时间的主人。

 亲子难题

吴为从小就被妈妈的爱包围着，无论他想要什么，妈妈总是会尽力满足。这种无条件的宠爱，让吴为习惯了随心所欲地安排自己的时间。每当他想玩或者想做其他事情时，妈妈总是担心拒绝他的要求会让他不开心，所以很少说"不"。

时间一长，吴为就开始变得缺乏时间观念了。他总是习惯性地拖延，不管是写作业还是准备上学，总能找到各种理由来推迟。他似乎对时间的流逝没有太多的惋惜，不知道每一分钟的时间都是宝贵的。

妈妈也发现了这个问题,她开始感到困惑和焦虑。她试图和吴为沟通,告诉他时间的重要性,但效果并不理想。吴为似乎并不理解妈妈的苦心,他还是按照自己的方式生活。

亲子树洞

在孩子成长的过程中,时间管理是一项至关重要的技能。因此,妈妈需要根据孩子的年龄特点和认知规律,分阶段地帮助他们获得这一技能。2~7岁的孩子,他们如同海绵,吸收能力强但自控力稍弱。此时,妈妈要细心规划他们的一日作息,让孩子逐步感知时间的流动。

随着时间的流逝,孩子步入7~12岁的少年时期,他们开始有了自己的思考能力和判断能力。这时,妈妈应成为引

第一篇　邂逅孩子，用科学的理念养育孩子

路人，引导孩子预估完成作业和查阅资料的时间，锻炼他们自主规划和管理时间的能力。

步入青春期的孩子，个性逐渐凸显，渴望独立。这时，妈妈要适当放手，让孩子独立安排自己的时间，妈妈可以适当给予支持和鼓励。

在这个过程中，妈妈需根据孩子的成长特点，灵活调整管理方式，通过多样化的评价激励孩子。同时，在生活中记得要和孩子多沟通，了解孩子对时间管理的理解和应用情况，以便及时发现问题并进行调整。这样，孩子的时间管理能力会逐步增强，从而为他们的未来奠定坚实的基础。

在帮助孩子建立时间观念并学会有效管理时间的过程

中,智慧的妈妈应该这样做:首先,可以从孩子日常生活的点滴开始,引导他们意识到时间的流逝,例如,对孩子说:"早餐过后,我们要用半个小时的时间为上午的学习或活动做准备。"这样的说法有助于孩子初步意识到时间与日常活动紧密关联。

随着孩子年龄的增长,妈妈可以引入更具挑战性的限时小任务,例如,可以这样说:"在接下来的十分钟内,你可以尝试将玩具归位或整理一下房间。"借助时钟或定时器,孩子可以更加直观地感受到时间的流逝,并在规定的时间内尽力完成任务。

当孩子逐渐适应并乐于管理时间时,妈妈应引导他们关注并利用生活中的碎片时间。比如,在等待或休息时,可以建议孩子阅读故事书、画画儿或进行简单的思考练习。这样不仅能培养孩子的自律性,还能让他们意识到时间的宝贵和在一段时间内可以创造出的无限可能。

同时,妈妈可以与孩子共同制订一个合理的时间规划表,让孩子参与到决策过程中,选择适合自己的学习和娱乐时间。在执行计划的过程中,妈妈要及时给予鼓励和建议,帮助孩子不断优化时间管理的方式、方法。

当孩子遇到时间管理上的问题时,妈妈要以开放的心态面对,与孩子一起分析问题,并寻找合适的解决方案。这样的过程不仅有助于增进亲子关系,还能让孩子学会独立思考

第一篇 邂逅孩子，用科学的理念养育孩子

和解决问题的能力。

王强天真活泼，但有一个让妈妈头疼的问题——他没有时间观念，做事情总是拖拖拉拉。

有一天，妈妈决定好好教导王强，让他学会珍惜时间。她严肃地对王强说："王强，你必须学会珍惜时间，否则你会错过很多美好的事情。"王强听了，只是点点头，但心里并不以为意。

妈妈开始采取"严格监督"的策略，每次王强做事情慢了，她就会大声斥责，甚至惩罚他，但效果并不理想，王强反而变得更加抵触和叛逆。妈妈意识到自己的教育方式可能

错了,于是她决定换一种方式。

第二天,妈妈带王强去了一个钟表博物馆。

在那里,妈妈耐心地给他讲解时钟的历史和时间的宝贵。她告诉王强:"时间就像流水一样,一去不复返。我们要珍惜每一分、每一秒,用它去做有意义的事情。"

回家后,妈妈又和王强一起制订了一个时间表,让他学会规划自己的时间。刚开始,王强还有些不适应,但慢慢地,他发现自己可以按时完成作业了,甚至还有剩余时间去做自己喜欢的事情。

随着时间的推移,王强逐渐养成了良好的时间管理习惯。他学会了珍惜时间,做事情不再拖拖拉拉。他能够按时完成作业,还有时间去做自己喜欢的事情。他的学习效率提高了,成绩也慢慢提升了。

写给妈妈的话

妈妈，我深知每个孩子的成长节奏都是独一无二的。我感谢您没有强迫我按照您认为的标准去管理时间，而是尊重我的选择。当我感到困惑或不知所措时，您总是耐心地给我提供指导和支持，这对我真的很重要。

现在，我正在努力探寻如何更好地把握时间。我知道这是一个充满挑战的过程，需要不断地尝试和修正。但我坚信，只要我持续努力，一定能够逐渐掌握时间的节奏，让它成为我成长路上的强大助力。

当我能够自主管理时间，高效地完成学习任务时，我渴望得到您的鼓励和认可。您的肯定将成为我前进的动力，让我更加坚定地走向未来。同时，我也明白自己在时间管理上还有很多需要改进的地方。当我遇到困难或错误时，我希望您能够保持开放的心态，允许我犯错误并从中学习。因为只有这样，我才能更加深刻地理解时间的价值，不断成长和进步。

教会孩子正确面对挫折，变得更加坚韧和自信

人生不会永远顺风顺水，每个孩子在成长的道路上都会遇到各种困难与挫折。他们需要通过克服种种挑战来磨砺自己，从而逐步走向成熟和成功。挑战与机遇并存，我们需要引导孩子在逆境中把握机会，用积极的心态去迎接每一个挑战，用不懈的努力书写属于他们自己的辉煌篇章。

在家庭和学校无微不至的呵护下，孩子们往往错过了直面困难的机会。妈妈如同避风港，总是试图为孩子消除一切困难，却未察觉，正是这些挑战能锻炼孩子的韧性。挫折是成长的磨刀石，它能让孩子学会坚韧和自立，提高他们面对生活的能力。长期依赖他人，孩子容易变得懦弱和缺乏主见。因此，我们需要引导孩子勇敢地面对风雨，独立探索人生的道路。这样，孩子才能真正地茁壮成长，最终迈向成功的彼岸。

第一篇　邂逅孩子，用科学的理念养育孩子

 亲子难题

佳欣是个聪明伶俐的小女孩儿，但每当遇到挫折时，她总会显得有些手足无措。

一天，佳欣在学校参加朗诵比赛，她满怀信心地走上舞台，却由于紧张而发挥失常。怀着沉重的心情回到家，她期待妈妈的安慰和鼓励，但妈妈的反应让她感到意外。

妈妈似乎并没有把佳欣的失败放在心上，只是轻描淡写地说："没关系，下次努力就好。"这句话在佳欣听来，仿佛是在否定她的努力，她感到十分失落。她不明白，为什么妈妈不能给她一个温暖的拥抱，一句鼓励的话语。

随着时间的推移，佳欣在生活中遇到的挫折越来越多。无论是学习上的困难，还是人际交往中的矛盾，都让她感到

力不从心。每当她向妈妈倾诉时,妈妈总是以一种"无所谓"的态度来回应她。这让佳欣感到更加无助和沮丧,她开始质疑妈妈是否真的关心她的感受。

随着母女俩的关系越来越疏远,佳欣的困扰也慢慢变成妈妈的困扰。妈妈开始反思自己的行为,她发现自己似乎总是用"没关系,下次努力就好"这句话来回应佳欣遇到的挫折。她意识到,这种态度可能并没有给佳欣带来真正的安慰和鼓励,反而让她感到更加孤独和沮丧。

亲子树洞

在孩子的成长过程中,失败和挫折是常有的事。作为父母,我们要明白这些经历对孩子的成长有多么重要,而不是

第一篇 邂逅孩子，用科学的理念养育孩子

过分同情或者责备他们。最重要的是，我们要给孩子足够的空间，让他们自己尝试和探索，慢慢学会独立。

当孩子遇到挫折时，我们不需要马上找出他们的错误，而是应该教他们如何积极面对。要让他们知道，每次失败都是一次学习的机会，让他们从中吸取经验教训，从而变得更加坚强。

当孩子因为失败而感到难过时，我们要给予他们正面的鼓励。要告诉他们，失败只是人生中的一小部分，真正重要的是我们如何面对它。鼓励他们勇敢面对，从中找出失败的原因，然后继续努力，不要一直沉浸在失败的悲伤情绪中。

智慧妈妈

在孩子的成长过程中，妈妈的角色尤为关键，特别是在他们遭遇困境和挑战时，智慧妈妈应该这样做：

首先，要让孩子知道，失败是成长道路上必不可少的部分。妈妈可以分享自己的经历，强调失败带来的不仅是痛苦，更有宝贵的经验和教训。妈妈要告诉孩子，面对挫折，不要气馁，而应从中汲取力量。

其次，应该鼓励孩子勇于尝试新事物，不畏失败。为他们提供多样的机会和挑战，让他们在实践中学习，在失败中成长。当孩子遭遇困难时，妈妈应成为他们坚强的后盾，给予支持和指导。

再次，妈妈要引导孩子从失败中找寻启示，而不是沉溺于痛苦之中。每一次失败都是一次学习的机会，是通往成功的重要一步。妈妈要帮助孩子分析失败的原因，找到改进的方法，让他们在未来的道路上走得更加稳健。

最后，妈妈要告诉孩子，勇敢地面对挫折是成长的必由之路。让他们明白，只有在挫折中不断挑战自己，才能不断超越自我，实现更高的目标。妈妈要给予孩子足够的信任和支持，让他们在未来的道路上勇往直前。

第一篇　邂逅孩子，用科学的理念养育孩子

一天，刘星参加了学校的数学竞赛，他自信满满地交了答卷，期待能取得好成绩。然而，当成绩公布时，他发现自己并没有获奖。刘星感到非常失望，回到家后闷闷不乐，甚至开始怀疑自己的能力。

妈妈看着刘星垂头丧气的模样，她意识到这次数学竞赛刘星并没有取得理想的成绩，把他批评了一顿。刘星听了妈妈的话，心里更加难受了。

接下来的几天里，刘星变得沉默寡言，对任何事情都提不起兴趣。妈妈开始意识到自己的教育方式可能出了问题，她决定改变一下策略。

一天晚上，妈妈轻声地对刘星说："孩子，妈妈知道这

次竞赛对你打击很大。但你要知道,失败并不是终点,而是我们成长的机会。妈妈希望你能够勇敢地面对挫折,从中吸取经验教训,不断提升自己。"

刘星听了妈妈的话,抬起头,看着妈妈的笑容,感受到了前所未有的支持和鼓励。他决定重新振作起来,面对生活中的每一个挑战。

写给妈妈的话

  亲爱的妈妈，当我遇到挫折时，我真的很想向您倾诉我的困惑和失落。我知道我可能会表现出沮丧和软弱，但我并不是在逃避或放弃。我知道，我不能因为一次失败就否定自己，我要学会从失败中吸取经验教训，不断进步。

  我知道，您看到我失败时，心里一定也很难过。但我想告诉您，我知道失败并不是可怕的事情，它只是告诉我，我还有需要学习和提高的地方。您一直告诉我要勇敢面对挫折，从失败中吸取经验教训，我会记住您的话，努力做得更好。

  妈妈，当我遇到挫折时，我需要的是您的理解和安慰，而不是责备和批评。您的温柔和耐心会让我更有勇气去面对困难，更加坚定地走向未来。

  请您相信我，我会从每一次的失败中吸取教训，不断反思自己的行为，让自己变得更好。我会更加努力地学习，更加认真地做事，因为我知道，只有这样，我才能在未来避免犯同样的错误，并且做得更好。

溺爱并不是真的爱孩子，要学会对孩子说"不"

爱是我们生命中不可或缺的温暖阳光与滋润雨露，在众多爱的形式中，母亲对孩子的爱显得尤为纯粹、深邃且充满奉献。但遗憾的是，这份世间最崇高的爱，在当今社会似乎走偏了轨道，导致不少孩子逐渐失去了自我认知的方向。许多母亲对"爱"的诠释过于片面，倾向于无限制地给予，却未料到这样的爱反而可能带来相反的效果。

一个真正爱孩子的妈妈，无论何时何地，都会坚定不移地关注孩子的成长过程，关心他们的身心健康。无论孩子处于顺境还是逆境，无论他们信心满满还是焦虑不安，无论成功还是失败，妈妈的爱都是他们最坚实的依靠，让他们感受到无条件的支持和关怀。一个懂得如何爱的妈妈，不仅能让孩子感受到快乐和安心，更能用自己的爱教会孩子如何去爱他人，从而培养出更加勇敢、坚强和有责任心的孩子。

第一篇 邂逅孩子，用科学的理念养育孩子

溺爱实际上是对爱的误解和滥用，它扭曲了爱的本质，并不利于孩子的健康成长。真正的爱应该是充满理智、自我约束且充满包容的。

亲子难题

妈妈对晓峰的爱，已经到了无原则溺爱的程度。

晓峰自幼只要看到喜欢的糖果，小嘴一嘟，妈妈便会毫不犹豫地一箱一箱往家里搬，丝毫不顾及过量食用甜食会侵蚀他那稚嫩的牙齿。上学之后，晓峰对待作业的态度极其敷衍，常常不按时完成。老师多次与家长沟通，妈妈却一脸不在乎，轻描淡写地说："孩子还小，长大自然就懂事了。"有一次，晓峰在学校欺负同学，妈妈不仅没有严厉地教育

他,反而将责任全部推到别人身上,把晓峰紧紧护在自己的羽翼之下,不让他受到一丝一毫的委屈。

渐渐地,晓峰变得越发任性和自私。在他的认知里,自己所做的一切都是正确的,周围的人都必须无条件地顺从他。

在一次班级组织的户外活动中,晓峰仅仅因为同学没有按照他的意愿做事,便大发雷霆,与同学激烈争吵,甚至冲动地挥起了拳头。同学们都对他避而远之,不愿意再和他一起玩耍。那一刻,晓峰感受到了前所未有的孤独和失落。

回到家中,晓峰委屈地向妈妈哭诉同学们都不理睬他。妈妈满心困惑,怎么也想不明白,自己一直以来全心全意地疼爱儿子,儿子却过得不快乐,还在学校遭遇了如此多的问题。

于是,她开始反思自己过往的教育方式,可她望着已经被自己溺爱得不成样子的儿子,感到手足无措,不知道该从何处入手去改变这一切。

溺爱不仅无法帮助孩子健康成长,反而会在无形中剥夺

第一篇 邂逅孩子，用科学的理念养育孩子

他们面对挑战、承担责任与自我反省的机会，最终可能导致孩子性格扭曲，缺乏同理心和责任感。晓峰的经历就是一个鲜活的例子。妈妈的溺爱让他在成长的道路上失去了方向，他认为世界应该围着他转，任何不顺心的事情都是别人的错。这种心态让他在社交中屡屡受挫，逐渐变得孤立无援。作为妈妈，应当给予孩子适度的关爱与引导，而不是无限制的纵容与满足。

亲子树洞

爱孩子，却常因溺爱而适得其反。这背后往往藏着妈妈们的复杂心理：有的想弥补自己童年的遗憾，有的怕孩子伤心，有的因工作忙碌对孩子的陪伴太少而心生愧疚，有的担心孩子受苦，还有的则觉得孩子还小而不必计较太多。这些心理都会让妈妈们不自觉地溺爱孩子，却忘了适度原则。

真正的爱，应是宽松而尊重的。它鼓励孩子进行自我管理，给予他们信任与自由。同时，这份爱也充满体贴，能深入理解孩子的需求，给予心灵的慰藉。无论孩子表现如何，真爱始终如一，不离不弃。面对问题，真爱是帮助孩子解决问题，而非简单地指责。更重要的是，它能促进孩子成长，既有温柔呵护，也有严格锻炼，让孩子在关爱中学会坚强与独立。

因此，妈妈应学会把握爱的尺度，用理智和原则来引导

孩子，让他们在健康关爱中茁壮成长。

你先自己收拾，如果有遗漏，妈妈再帮你。

智慧妈妈

妈妈对孩子的爱往往深沉而细腻，恨不得为孩子撑起一片天。但过度的呵护与满足可能会让孩子错失成长的机会。记住，"不"字虽小，却蕴含着大智慧，它是引导孩子独立、自律的关键。

妈妈要学会适时说"不"，这并非冷漠，而是爱的另一种表达。它教会孩子界限与责任，让孩子明白不是所有的愿望都能立即实现，而是需要努力与等待。但说"不"也要讲艺术，温柔而坚定是关键。用爱包裹的话语，让孩子感受到拒绝背后的关怀与理解，而非简单地否定。

坚持原则，不轻易妥协，是树立威信的重要一环。一旦

第一篇 邂逅孩子，用科学的理念养育孩子

决定，就要坚持到底，避免出尔反尔，让孩子学会尊重规则与决定。同时，引导孩子理解何为真正值得追求的东西，教会他们理性消费与选择。

拒绝孩子时，切忌以牙还牙或使用威胁手段，这只会破坏亲子间的信任，激发孩子的逆反心理。相反，妈妈应耐心解释原因，让孩子感受到妈妈的良苦用心，是基于爱而非控制。

面对孩子的哭闹，妈妈需保持冷静，以理服人，通过换位思考让孩子理解自己的立场。在公共场合，更要保护孩子的自尊心，私下沟通，避免当众斥责。

最重要的是，妈妈要学会倾听孩子的想法，理解他们的需求与感受。在爱与尊重的基础上，用智慧的方式引导孩子成长，让他们在经历中学会独立，在挑战中变得坚强。

故事时间

悦悦的妈妈虽然很爱女儿，但是也非常有原则。有一次，悦悦在商场看到一个漂亮的玩具，她哭闹着非要妈妈给她买。妈妈蹲下来，温柔但坚定地看着悦悦说："宝贝，家里已经有很多类似的玩具了，这个我们不能买了。"悦悦继续哭闹，妈妈没有生气，而是耐心地说："如果你每次看到喜欢的东西都要买，那我们的家会被玩具堆满，而且也会浪费很多钱。"悦悦慢慢停止了哭闹，似懂非懂地点了点头。

还有一次,悦悦和小伙伴玩耍时发生了争执,她生气地跑回家,向妈妈告状说小伙伴欺负她。妈妈没有立刻偏袒悦悦,而是问清楚了事情的经过,然后认真地说:"宝贝,这件事你也有做得不对的地方,不能只责怪小伙伴。"悦悦一开始不服气,妈妈就耐心地给她分析,让她明白与人相处要学会理解和包容。

在学习上,悦悦有时候想偷懒不写作业。妈妈会严肃地告诉她:"学习是你自己的事情,只有认真完成作业,才能学到知识。"悦悦虽然不情愿,但看到妈妈坚定的态度,也只能乖乖去做。

慢慢地,悦悦明白了妈妈的良苦用心。当她再次遇到想要却不必要的东西时,她会自己思考是否真的需要;当和小

第一篇 邂逅孩子，用科学的理念养育孩子

伙伴有矛盾时，她会先从自己身上找原因；对待学习，也变得更加自觉和主动。

写给妈妈的话

  亲爱的妈妈，您用温柔而坚定的爱，为我撑起了一片成长的天空。在每一次我想要任性、逃避或抱怨的时候，您总是以智慧和耐心引导我，让我学会了自我约束与责任。您教会我，真正的爱不是无条件满足，而是在理解和尊重的基础上，帮助我成为更好的自己。

  您从不溺爱我，让我懂得了"需要"与"想要"的区别，让我明白了珍惜与感恩的意义。在您的引导下，我学会了独立思考，学会了面对困难时不轻易放弃，更学会了在人际交往中的宽容与理解。

  妈妈，我感激您，不仅因为您给予了我生命，更因为您用无私的付出和正确的教导，塑造了我健全的人格和积极的人生态度。妈妈，请相信，我会将您的教诲铭记于心，努力成为一个有责任感、有爱心、有担当的人。感谢您，不溺爱，让我茁壮成长！

第二篇

邂逅自己，再也不做焦虑的妈妈

每个孩子都是独立的个体，妈妈需要放下自己的焦虑，试着去发现孩子身上的闪光点，多鼓励孩子，让他成长为更优秀的自己。在教育孩子的过程中，一定要保持弹性，不可过松，也不可过紧。人生路漫漫，起跑线并没有那么重要，试着和孩子做朋友，不过度控制孩子，要和孩子共同成长。

拒绝焦虑,每个孩子都有属于自己的人生

对于自己十月怀胎生下的孩子,妈妈们当然会寄予厚望。特别是在这个竞争激烈的现代社会,妈妈们对孩子的期望值更是呈指数级上升。她们竭尽所能地为孩子创造好的教育条件,不辞辛苦地奔波在一个又一个课外补习班,只希望孩子有一天能一飞冲天。

自从妈妈开始全力奔跑,孩子的世界就只剩下成功、学习、进步……孩子的脸上逐渐少了开心的笑容,取而代之的

第二篇 邂逅自己，再也不做焦虑的妈妈

是难以言说的疲惫。妈妈对孩子高标准的要求，自然是为了孩子着想。可是如果标准过高，就会给孩子造成巨大的压力，孩子就会离妈妈的期望越来越远，甚至发生难以挽回的悲剧。很多孩子因此厌学、抑郁、输不起、难以应对复杂的人际关系。

亲子难题

  妈妈给乐乐报了一个钢琴学习班。一开始，乐乐还挺感兴趣的，每天放学一回来就钻到琴房里弹奏，钢琴老师也夸她乐感不错。可是，好景不长，乐乐开始排斥弹钢琴，还说再也不想学了。妈妈为此很疑惑，原本喜欢钢琴的乐乐为什么转变这么大呢？原来问题出在妈妈这里。妈妈听到钢琴老师说，一开始练琴时，一定要多多关注孩子的姿势和手形，要不然以后就很难纠正了。而乐乐每次弹琴出错，都是因为姿势或手形不对。每当这时，妈妈都会在旁边喝斥："你怎么老是记不住呢！注意手形啊！"甚至还会用尺子敲打她的手。如此次数多了，乐乐一坐到钢琴前就开始发怵，直到有一天，她边哭边暴躁地弹奏着钢琴，说钢琴太坏了，自己要弄坏它，妈妈赶紧上前制止了她。从那以后，只要妈妈在家里提到钢琴，乐乐就会哭闹不止。可是却听奶奶说，有好几次妈妈不在家，乐乐会偷偷地跑去弹一会儿。

亲子树洞

俗话说得好,期望越高,失望就越大。这句话也同样适用于家庭教育。假如家长一味地高标准要求孩子,希望他能达到更高的标准,而对孩子所取得的成就视若无睹,孩子就会逐渐丧失自信,甚至开始摆烂,觉得自己反正再怎么努力,也达不到妈妈的要求,干脆听之任之算了。假如妈妈稍微降低一点期望值,从孩子的实际情况出发,制定切实可行的目标,也许会收获不一样的惊喜。

妈妈在期待孩子成龙成凤的过程中,不妨多提升自己的能力,给孩子树立一个好的榜样。如果你希望孩子多读书,自己就要时不时地捧起一本书读;如果你希望孩子善良孝

第二篇 邂逅自己,再也不做焦虑的妈妈

顺,你就要多关心自己的父母。哪怕你自身不能成为人中翘楚,也要让孩子看到你坚持不懈、努力上进的样子。

智慧妈妈

在处理亲子关系时,智慧妈妈要这样做:

第一,智慧妈妈要将眼界放宽些,不要将目光局限于孩子的知识和学习上,将学习成绩当作评判孩子成功与否的唯一标准。衡量一个人是否成功,评价的标准是多元的。

第二,智慧妈妈要懂得合理表达自己的诉求,激发孩子的内在动力。妈妈如果希望自己的诉求有个好的结果,就要懂得将自己的诉求转化成孩子的内在动力。现在的孩子生来就处在一个五彩斑斓的世界中,享受着众人的关爱。他们习

惯了听从大人的安排，被动地做着所有事情。智慧妈妈要让孩子成为生活的主动参与者，少包办孩子的事情，尽量多让孩子自己做选择。

第三，智慧妈妈的期望也要循序渐进。在对孩子提出期望时，不仅要拿捏好分寸，要和孩子的实际水平相符，还要从孩子的心理承受能力和学习能力方面出发，循序渐进。妈妈的要求合适、期望合适，孩子往往才能表现得更加出彩。

故事时间

薇薇性格开朗，笑起来像一朵花一样，走到哪里都很受人欢迎。可是，妈妈一直头疼她的学习，不是语文抄错字，就是数学漏了一道题。妈妈为此说过她很多次，可是她依然我行我素，每次考试都是一片红叉叉。这一次，薇薇数学考试又因为题目抄错丢了很多分，妈妈看到卷子时，气不打一处来，正准备严厉批评她时，突然改变了想法。她决定换一种方式，看看会不会有什么改变。于是，她转怒为喜，脸上露出开心的笑容，夸赞道："我们薇薇这次进步了呀！填空题竟然全对。"

薇薇一听妈妈这么说，顿时惊讶万分，她原本以为妈妈肯定又会对她一顿狠批，没想到妈妈竟然夸了她。妈妈接

第二篇 邂逅自己,再也不做焦虑的妈妈

着说:"妈妈相信我们薇薇是非常有潜力的,只要你愿意努力,一定可以取得更大的进步。"薇薇高兴的同时,又不好意思起来,她拍着胸脯向妈妈保证:"妈妈,请相信我,我一定会越来越好的。"从那以后,薇薇像变了一个人一样,

努力学习,积极上进。每次考试都会认真检查,学习成绩也步步高升。更令妈妈欣慰的是,她们母女之间的交流也越发顺畅了,薇薇有什么话也愿意跟妈妈说了。妈妈逢人便感叹,自己要是早一点儿醒悟,多用正面的语言激励自己的孩子,她们的关系只会更好。

写给妈妈的话

　　妈妈，我知道您对我的期望很高，可是您要知道，每个孩子都是独特的个体，都有自己的优势与劣势，您不要只关注我的劣势，而要多看看我的优势，帮助我开发优势，相信您一定会收获意想不到的惊喜。

　　妈妈，我知道我有很多让您不满意的地方，有很多行为都入不了您的眼，可是您要知道，每个孩子都有自己喜欢做的事情，也有自己讨厌的事情。作为家长，您要尊重我们的想法，鼓励我们发展自己的特长。

　　妈妈，我知道我不是最聪明的那个孩子，可是我也有自己的特长，您不能照搬他人的教育模式。当您改变了自己的思维模式时，可能我的缺点在您眼里就会变成优点，您只要因材施教，兴许我就会让您刮目相看。

　　妈妈，我知道我不是个完美的孩子，可是我知道我是这世上独特的存在。当您学会赞美我的特点，不和他人对比时，可能我会成为最好的那个自己，我们之间的关系也会越来越融洽。

尝试发现孩子的优点，别盲目羡慕别人家的孩子

身处现代社会之中，难免会承受巨大的竞争压力，妈妈为了让孩子成为佼佼者，成为人人羡慕的别人家的孩子，会时刻拿自家的孩子和别人家的孩子进行对比，找出其中的差距，督促自己的孩子进步。当孩子的进步没有达到妈妈的预期时，妈妈就会大发雷霆，说自己怎么这么命苦，生出这么蠢笨的孩子。

一提到别人家的孩子，不管是妈妈还是孩子，都会十分羡慕。妈妈如果对孩子期望过高，盲目地和他人攀比，就容易让自己变得焦虑，看孩子哪里都不顺眼。孩子呢，也会过度压抑自己，假装努力，尽量让自己变成别人家的孩子，生怕暴露自己的不足，引发母亲的反感。亲子关系因此变得紧张，双方都无法很好地做真实的自己，最后的结果就是两败俱伤，妈妈身心俱疲，孩子也没有了活力。

第二篇 邂逅自己，再也不做焦虑的妈妈

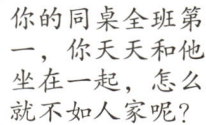

你的同桌全班第一，你天天和他坐在一起，怎么就不如人家呢？

妈妈，您别生气……

亲子难题

  乾乾是一个非常优秀的孩子，踢球、吉他、武术样样在行，学习成绩在班上也是数一数二的。每次开家长会，老师都会拿他当典型，号召同学们向他学习。每当这时，其他家长都会向乾乾妈妈投去羡慕的目光，一有空就向她请教是怎么把孩子教育得这么好的。可是，乾乾妈妈并不认为自家孩子有多么优秀，她经常挂在嘴边的一句话就是，"你××，比你用功多了，你要再努力一点，没准儿以后还能冲个清北。"这一天，乾乾刚上完武术课回来，原本已经很累了，可是妈妈又让他去弹钢琴。虽然乾乾已经据理力争，说自己这会儿只想休息。可是妈妈依旧不依不饶，连珠炮似的说："你看人家美美，每天都能坚持练琴一个小时，你怎么就不

行呢？"乾乾一听就炸了："可我不是美美呀，你老是拿我跟人家比算怎么回事？"说完就气冲冲地回屋了。妈妈也气得坐在沙发上，鼻涕一把泪一把的。她不知道孩子为什么就这么讨厌自己拿他和别人家的孩子比，她不就是想让他更加优秀吗？只有和他人比较，才能找出自身的不足，才能取得进步啊！可是她没想到的是，长此以往，孩子会觉得在妈妈眼里，自己怎么都比不上别人家的孩子。

亲子树洞

妈妈们首先要明白这样一个道理：人与人原本就是不同的，孩子与孩子也不一样。妈妈不能老拿自家孩子的短处去和别人家孩子的长处作对比，进而打击自家孩子的自信心，

第二篇　邂逅自己，再也不做焦虑的妈妈

这是非常不利于孩子成长的。每个孩子都有自己的强项和弱项，如果妈妈只看到孩子的不足，总是将孩子的缺点挂在嘴边，不仅容易引发孩子的逆反心理，伤害孩子的自尊心，也不利于亲子关系的融洽。当孩子出现问题时，要从孩子自身出发，找到原因，弥补差距。

妈妈和孩子相处时，要客观地陈述事实，不要给出具有强烈感情偏向的反馈。要多多关注孩子的心灵成长，让孩子有表达的自由，不随意给孩子贴标签，尊重他们的个性。只有当妈妈正视每个孩子的不同，给孩子设定切实可行的目标，让期待变成孩子的内驱力，点燃孩子内心的火种，自然地激发他们的学习热情时，孩子各方面的表现才

会越来越好。

智慧妈妈

作为一个智慧妈妈,当看到自家孩子不如别人家孩子优秀时,应该如何做呢?

首先,妈妈要有一个平和的心态,从内心深处鄙视"攀比"的想法,不用其他孩子的优秀来给自己的孩子施压。对于孩子暂时的不足,妈妈要多鼓励、多引导。

其次,当孩子取得进步时,妈妈要学会合理地称赞。妈妈要学会从多个维度来评判一个人,尤其是孩子。当孩子在某方面比从前进步时,妈妈要及时看到,并给予足够的激励。不要只将目光放在学习成绩上,也不要只是横向对比,只看到自家孩子和其他孩子之间的差距。

再次,妈妈要承认每个孩子生来就是不同的。如果用统一的标准来评价一个孩子,势必会忽略孩子身上的闪光点和特质。妈妈要学会看到自家孩子身上的不同点,学会取长补短。

然后,妈妈要学会尊重孩子的天性。不要一看到别人学什么,就要自己的孩子也马上去学。妈妈要帮助孩子找到适合自己的发展道路,从孩子的天性出发,帮助他们发挥自身的优势,孩子才能收获美满的一生。

第二篇　邂逅自己，再也不做焦虑的妈妈

最后，妈妈要学会屏蔽，对于他人的评价，听听就好，千万不要过度关注。要学会从自身的观察出发，对孩子进行科学的指导。

故事时间

容容自小就非常害羞，从来不敢一个人出去和小朋友玩耍，一定要在妈妈的陪同下才肯出门。在课堂上，她也从来不敢举手发言，生怕回答错误会受到老师的批评。一开始，容容的妈妈很焦虑，担心孩子这样，以后会吃亏。于是会有意无意地多带孩子出门，刻意训练她与人交往的能力，引导她见人多打招呼。那时，妈妈经常挂在嘴边的一句话就是："你看小蓝，每天见到我都笑呵呵地向我问好，你也向她学习好不好？"每当这时，容容都撇撇嘴，默不作声。

最近学校要举办跳绳比赛。容容放学回到家，妈妈带她到楼下练习。这一次，妈妈没有拿她和别人家的孩子比，而是一直鼓励她，说她已经做得很棒了，再努力一点儿，就可以更优秀了。一开始，容容每分钟只能跳100个，而班上跳得最好的同学可以跳200个。然而妈妈并没有灰心，而是告诉她："没事，你再努力多跳10个就好。"当容容终于跳到110个时，妈妈向她竖起大拇指。容容一下有了信心，她相信只要自己再努力一点儿，跳到150个是没有问题的，虽然和班上跳绳成绩最好的同学相比还有很大的差距，可她已经很满意了。

写给妈妈的话

　　妈妈，可能我不如别人家的孩子出色，让您担心了，可是您有没有发现，我在体育方面特别有优势，每次体育测验我都是全班第一，有一次甚至还打破了校短跑纪录呢！每个孩子都有自己独特的地方，可能他在这方面不行，在那方面却非常有天赋。

　　妈妈，我知道您一直都很辛苦，不仅要忙工作，还要操心我的饮食起居，方方面面都帮我打点得既周到又细致。您竭尽所能给我提供一个好的成长环境，希望我能越来越进步。妈妈，希望您不要太累了，很多事我可以自己动手的。您经常说自己不如邻居家的王阿姨，说她家里家外都是一把好手，可是在我眼里，您已经非常优秀了。正如我不希望您总拿我跟其他孩子比较一样，我也不希望您总是拿自己和别人比。每个人都是独特的个体，我们能够在自己擅长的领域发光就好。

　　妈妈，谢谢您给了我一个温暖又和谐的家，假如您不总是拿我和别人家的孩子比较，相信我会在这个家里感受到更多的温暖。

家庭教育要有弹性，别让你和孩子都觉得累

真正智慧的父母，在教育孩子时，不会严格遵循某一套方法和逻辑，而是会具体情况具体分析。需要父母牢牢掌控的，一刻也不能松手。该放手时就大胆地放手，让孩子自由地去探索。有松有紧、宽严相济的教育方式才是妈妈们要学习的。让自己成为弹性父母，才能弹性地教育好孩子。

妈妈们在借鉴他人的教育模式时，很容易陷入两个极端：一是认为严格的教育就是对孩子严加管教。孩子就像她们手里的木偶，全都在她们的掌控之中。只要孩子有一点儿不听话，马上就会遭受精神或身体上的打压。二是觉得要完全释放孩子的天性，不应该限制孩子的任何想法和行动。而这时孩子的三观还不够成熟，如果家长完全放手，可能会让他们误入歧途。

在宽严相济的环境下长大的孩子，自带分寸感。每个孩

第二篇　邂逅自己，再也不做焦虑的妈妈

子都有自己的闪光点，身为妈妈，就要学会看到孩子身上的闪光点，并帮助他们发扬光大。适当放下原则，灵活处理孩子的问题，这才是妈妈对孩子更高级别的爱。

亲子难题

这天，小初和妈妈一起出去逛街，妈妈原本打算给小初买一条裙子，可是当母女二人走到一家便利店门口时，小初被那里的溜溜球吸引了。她拽着妈妈的胳膊，想让妈妈给她买一个。可是妈妈告诉她，家里已经有一个了，再买一个纯属浪费，她可以一会儿回家玩。可是小初像没听到妈妈说话一样，执拗地想要那个溜溜球。妈妈蹲下身来，耐心地安抚她，先是和她共情，说妈妈也知道她非常想要，可是这个溜

溜球不在今天的购物清单中,如果小初一定想要,我们可以过一天再来买。可是小初根本不听妈妈的劝,只是一个劲儿地说:"我想要,我想要,我现在就想要嘛!"说完还掉眼泪。路过的人都向这对母女投来询问的目光,妈妈一时间觉得如芒在背,买也不是,不买也不是。

她刚想着要不直接给孩子买了算了,专家不是说了吗,一个快乐的童年比什么都重要。可是转念一想,如果自己什么都顺着孩子,会不会让孩子觉得只要一哭一闹,就什么东西都可以得到。她还想教训一下孩子,让她知道不行就是不行,却又担心孩子越哭越大声。她思来想去,不知道怎么办才好。其实,教育孩子并没有一套统一的模板,好的教育是

第二篇 邂逅自己，再也不做焦虑的妈妈

要充满"弹性"的。

亲子树洞

妈妈们也是第一次当妈妈，会习惯于效仿别人家教育孩子的方法。有的妈妈恪守古代的教育方法，相信棍棒底下出孝子，对孩子动辄打骂，觉得只有让孩子受些皮肉之苦，他们才能长记性。她们对孩子的管控非常严格，不允许他们犯一丝一毫的错，否则就要受到严厉的惩罚。在这种氛围中长大的孩子，有的虽然取得了一定的成就，可是他们失去了快乐的童年，心里还留下了童年的创伤。

有的妈妈则认为要释放孩子的天性，对孩子采取放纵式

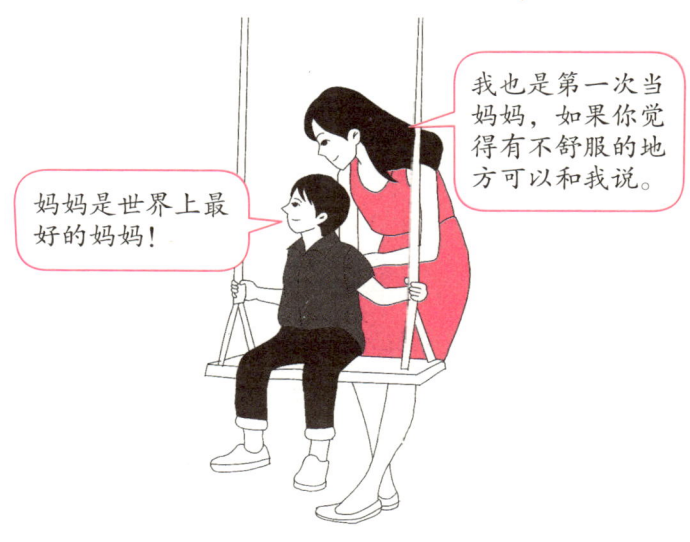

的教育方式。可是孩子毕竟是孩子,他们的自控能力较差,是非观还没有建立起来,如果任其发展,可能会不自觉地沾染上一些不良风气,成长为问题儿童。所以,妈妈们不能过度放松对孩子的教育,而要松紧有度。

不管是控制式还是放松式的教育模式,妈妈们都走了极端,没有站在孩子的角度考虑问题。妈妈们要学会弹性的教育方式,给孩子一定的表达权。

智慧妈妈

有句话说得好,不幸的童年要用一生来治愈,幸福的童年可以治愈一生。这就告诉我们,如果一个孩子在童年时期心灵得到了滋养,那么他在成长过程中,就有了对抗生活的勇气,整个人都会变得温暖起来。因此,智慧妈妈在教育孩子的过程中,要学会宽严相济,既懂得安抚孩子幼小的心灵,也懂得严加管教。具体应该怎么做呢?

首先,妈妈在教育孩子时要松紧有度,不要搞一刀切。对于会对个人产生深远影响的事情一定要严格管教;对于一些无关紧要的小事,则该放手时就要放手,借此来培养孩子的独立性,增强孩子的自信心,让他们更有勇气面对未知的困难。

其次,妈妈要懂得尊重孩子的意愿,给他们适度的自由。对于孩子的想法,妈妈不要一票否决,而是要耐心地倾听,

第二篇 邂逅自己，再也不做焦虑的妈妈

并找出其中的可行之处，让孩子有机会成长。当然，这里的自由并不是一味地放纵，而是担负起引路人的职责，引导孩子走向正确的道路。

最后，有些情况下，妈妈要学会妥协。如果孩子所提出的要求是合理的，妈妈就要适当地满足。如果过分控制孩子的欲望，可能会让孩子将来走向极端，要么过度消费，要么无限压抑自己的需求，这都是不可取的。

故事时间

小娟给孩子制订了严格的作息时间，每天早上六点半起床，半个小时晨读，七点半上学。中午十二点练半个小时字，下午六点放学回来先洗澡，七点写作业，九点之前必须写完，九点半上床睡觉。

可是这个规则坚持没多长时间，孩子就叫嚷开了："凭什么你把什么事情都给我规定好？我要自己做决定。"

"我可以按时上学，按时完成作业，为什么要规定得那么严格？假如你非要这么监督我，那我就天天迟到给你看，作业也不按时完成了！"

小娟经过一番思量，觉得孩子说的也有道理，于是决定先试验一段时间，看看不用硬性规定，孩子能否将自己的事情安排妥当。

最后的结果是，没有了妈妈的督促，孩子每天上学去得最早，放学也不磨蹭了，不仅能按时完成作业，还会提前预习第二天的功课。小娟欣慰地笑了。

小娟感慨道，以前总觉得不制定规则，生活就会偏离轨道，孩子就会变得懒散，现在看来并不尽然。适当放下原则，给孩子一定的自主空间，让他学会对自己负责，孩子的表现可能会带给我们惊喜。

写给妈妈的话

　　妈妈，我知道您所做的一切都是为了我好，我也一心想要配合您，可是最近我发现我的内心越来越压抑，您给我规定了严格的作息时间，让我快要喘不过气来了。我一遍遍地告诉自己，这是妈妈对我的爱，可是行动上，我总是不由自主地想要和您对着干。我想告诉您，我已经长大了，我会合理安排自己的时间。

　　妈妈，自从上次我跟您说让您给我一定的自主空间以后，您就对我彻底放任了，不管我打游戏打到几点，您都一声不吭，我多么希望您能像以前一样骂我两句，那样我就会乖乖地去睡觉了。虽然我知道这样的我会让您无所适从，觉得您管我也不对，不管也不对。可是妈妈，我并不希望您从一个极端走向另一个极端，我毕竟还是个孩子，还是需要您的管束。虽然您不用像以前那样对我管控得事无巨细，可是在大是大非的问题上，还是需要您替我把好关。

　　妈妈，谢谢您一直以来对我的包容，您是第一次当妈妈，我也是第一次当孩子，希望我们一起摸索，相互搀扶着走向更好的明天。

起点不会决定终点，别把起跑线看得太重

现代社会，大家都铆着一股劲儿往前冲，生怕孩子输在起跑线上。其实这是一种功利性的做法，而且非常具有片面性。每个孩子的花期不同，妈妈要学会给孩子时间，让他证明自己的价值。妈妈要像牵着蜗牛散步一样，不仅要给孩子做好示范，还要做到不疾不徐，耐心等待孩子慢慢长大。

为了让孩子赢在所谓的起跑线上，很多妈妈从孩子一出生就给他规划好了路线，小到选择什么兴趣班，大到读哪所学校，却丝毫没有考虑到每个孩子的差异，也从来没有问过孩子的兴趣。很多孩子上了自己并不感兴趣的课外班，小小年纪脸上就布满了愁容，最后的结局也就可想而知了。妈妈要学会放松，接纳孩子的一切，允许孩子做自己，选择一条适合孩子和自己的路。

第二篇　邂逅自己，再也不做焦虑的妈妈

亲子难题

球球自小就带有学霸气质，不管学什么，一学就会。在别的小朋友还在相互打闹、抓虫子、追蝴蝶的时候，球球就已经在妈妈的教导下开始学拼音和数学了。等他再大一点儿，妈妈又给他报了多个兴趣班，像珠心算、英语、跆拳道等，累计有七八个。小区里的爷爷奶奶每次看到球球，都会不由得感叹："现在的孩子真是不容易呀，小小年纪竟然就有这么多课程要上。"球球六岁时，就已经会做小学二年级的数学题了，那英语说起来也是非常流利，邻居们见了他都会竖起大拇指。一转眼就到上小学一年级了，球球也不负妈妈的期望，一直稳居班级第一的宝座，还时常对妈妈说：

"班上那些同学都不如我聪明,那么简单的题都不会。我用脚指头都做得出来。"有时做着家庭作业,他会说:"这题也太简单了,简直侮辱我的智商。"妈妈听了也很骄傲。可是从三年级开始,球球的成绩呈断崖式下降,一下子从班上第一名退步到第十五名。妈妈给他报了周末的补习班,他也经常找理由不去。妈妈急得不知如何是好,联系了球球的班主任,据班主任反映,球球上课时经常不注意听讲,写作业也是敷衍了事。妈妈纳闷儿极了,提前让孩子学了那么多课程,怎么现在成绩还会下降呢?

亲子树洞

在这个竞争激烈的社会里,妈妈为了缓解自己的焦虑,让孩子早一步领先众人,赢在起跑线上,会不自觉地对孩子提出

第二篇 邂逅自己，再也不做焦虑的妈妈

更高的要求，让孩子变得越来越不快乐。那么还有哪些因素会让孩子脸上的笑容渐渐消失呢？

首先，如果孩子总是经历失败，或者经历失败以后不仅不能及时得到安慰，还会遭到妈妈的批评，这样的孩子是很难快乐起来的。只有体验过成功的孩子，才会真的快乐起来。

其次，妈妈总是对孩子提出过高的要求，造成孩子负担过重。当他们自认为不能达到妈妈的要求时，就会产生自我怀疑，这样的孩子是很难快乐起来的。

最后，如果家庭遭遇重大挫折，孩子的生活环境发生巨大变化，孩子也是很难快乐起来的。

智慧妈妈

智慧的妈妈会将抚养孩子长大当成养育自己的另一个机

会，和孩子共同成长。在养育孩子的过程中，妈妈可以弥补自己曾经遭受的创伤，治愈自己的心灵。妈妈要掌握科学的育儿方式，不焦虑、不放纵，静静地等待孩子长大。和孩子共享每一个当下，为孩子取得的点滴进步鼓掌。

首先，在教育孩子的过程中，妈妈要学会激发孩子的求知欲，让他们对这个世界充满好奇心，愿意主动去探索。妈妈可以多带孩子到户外去活动，带他们认识新鲜事物，给他们讲解一些浅显的地理、生物知识，让他们对知识的渴求越发强烈。

其次，妈妈要注意培养孩子的学习兴趣。多带孩子去体验、去试错，让孩子真正找到自己感兴趣的东西，并坚持去学习。而不是完全不顾孩子的意愿，只选择自己认为有用的东西，强迫孩子去学习，最后只会导致两败俱伤的结果。

最后，妈妈要学会"慢养"孩子，不要急着给孩子定性，也不要急着给他们灌输那么多知识，应该多带他们去感受这个世间的美好，多看一处风景，多做一会儿游戏。妈妈能给孩子最好的礼物就是陪着他们，允许他们慢慢成长。妈妈爱孩子，就要花时间帮他们打好基础，为他们以后的发展提出助力。

故事时间

小智的妈妈刚怀上小智时，就有了不让孩子输在起跑线上的想法。她先去书店里抱回一大堆胎教书，什么左右脑开

第二篇　邂逅自己，再也不做焦虑的妈妈

发啦、什么再穷也不能穷教育啦等，希望自己的孩子在肚子里时就开始接受好的教育。

孩子出生以后，各种早教课程上得不亦乐乎。上幼儿园以后，小智的妈妈就开始操心学区房的事情，原本他们家庭并不富裕，可是为了不让孩子输在起跑线上，夫妻俩硬是省吃俭用，抢着买了一套学区房。而他们的孩子小智，则每天被"押送"着上各种补习班，整个人看上去萎靡不振，完全没有孩童的活力。期末考试成绩下来了，小智从原来的班级前五名变成第二十五名，很多简单的题他都做错了。

看来，起跑线上的输赢并不是最后的输赢。对于人生这个漫漫征途来说，它并没有我们以为的那么重要。妈妈为了不让孩子输在起跑线上，就早早给他灌输知识，这会过早地剥夺孩子自主获取知识的能力。

小智的妈妈在幡然醒悟以后，果断地停掉了小智的多个兴趣班，只留下了两个他最感兴趣的课程。这样，小智就有了更多和小伙伴玩耍的时间，脸上的笑容也渐渐多了起来，学习成绩反倒比之前还好了不少。

所以，真正的好妈妈，不会为了不让孩子输在起跑线上，就一味地拔苗助长，而是充分尊重孩子的意愿，帮助他培养好的学习习惯，让他拥有健康的心理状态，然后静待花开。

写给妈妈的话

妈妈,我知道您在我身上寄予了厚望,希望我早日成为"别人家的孩子",所以,您一直告诉我,不要输在起跑线上,并且给我报了多个兴趣班,希望我成为德、智、体、美、劳全面发展的好孩子。可是妈妈,您知道吗?我多么羡慕我的同桌小丽,她放学后就可以自由自在地玩耍,昨天她还盯着一只小虫子研究了半天呢!

妈妈,我的人生才刚刚开始,以后的日子还长着呢,如果一开始就用力过猛,会不会后劲儿不足?以前,我觉得自己什么都比别人强,轻轻松松就可以超过别人,其实那只是我提前学习了,所以再学一遍就觉得很轻松。可是随着知识难度的增加,我发现我越来越力不从心了,我似乎对知识失去了探索的欲望,觉得自己就像一个学习的机器。

妈妈,我发现我越来越输不起了,一点点小事就可以让我炸毛,别的同学比我考得好,我就会对他充满敌意,总是担心我会输在起跑线上。我希望我能活在当下,享受眼前的每一分、每一秒,成为一个赢得起也输得起的人。

别让你的爱变成负担，尝试和孩子做朋友

孩子一天天长大，会慢慢有自己的想法，自主意识也会越来越强，他们会觉得妈妈的爱太沉重了，很多事他们完全可以自己来。这时妈妈就要学会放手，不要想着像以前一样包办孩子的一切，要学会帮助孩子躲避危险，而不是直接上手帮他们排除危险。

放手说起来容易，做起来难。妈妈这时可能会陷入自我怀疑的境地。哪怕她们已经为孩子做了很多，却依然觉得做得还不够。孩子只要一出门，她们就担心他会遇到人贩子，会被车撞倒。这一切都只能归咎于妈妈的自信心不足，或者说对孩子大包大揽惯了，觉得孩子失去了自己，根本无法独立生活。假如妈妈能将目光放得长远一些，能认识到该孩子经历的他早晚都要经历，你是不能代替他的，这样才更有利于孩子的成长。

第二篇　邂逅自己，再也不做焦虑的妈妈

 亲子难题

这天，小邱正在家里打扫卫生，突然接到了好朋友丹丹的控诉电话，说自己为这个家付出了这么多，将所有心思都放在儿子小伟身上，每天为他准备好吃的、喝的、用的，可是到头来，儿子一点儿都不领情。刚因为一点儿小事，儿子竟然摔门而去，说不想要她这个妈妈了。小邱一听，赶紧放下手里的拖把，来到丹丹家，看到母子俩争吵过后的一片狼藉，小邱无奈地叹了口气。这样的电话她几乎每个星期都会接到一次，每次她都是对丹丹好言劝慰一番就回家了，没想到这次冲突升级了，孩子还学会离家出走了。丹丹一见到小邱，便鼻涕一把泪一把地控诉儿子一点儿都不领情，也不懂得感恩，还埋怨她管得太多。小

邱说:"那你觉得我和我女儿的关系怎么样?"丹丹说:"很好哇,你又不是不知道,我一直都羡慕你,有这么听话又懂事的女儿。"小邱笑了笑说:"那是因为我不但是她的妈妈,还是她最好的朋友。她不管说什么,我都会耐心地倾听。我们会一起逛街,一起做游戏,一起吃好吃的,还会相互倾诉烦恼。你再看看你是怎么对待你家孩子的,有没有真的考虑过他的感受。如果你对他所有的爱都只是你的一厢情愿,那你觉得他会领情吗?"丹丹听了,不由得若有所思。

亲子树洞

选择和孩子做朋友的妈妈是明智的,这样会收获孩子更多的信任,亲子之间的交流会更加顺畅。遇到事情,孩子会

第二篇　邂逅自己，再也不做焦虑的妈妈

第一个想到妈妈，听取妈妈的建议，然后更坚定地走好脚下的每一步。

和孩子做朋友，有利于孩子个性的发展，在这种轻松、愉悦的氛围下长大的孩子，性格会更加开朗，更愿意在人前表达自己。

当妈妈选择和孩子做朋友时，就可以对孩子的需求和心理活动有更深的了解。当孩子出现状况时，妈妈可以第一时间发现孩子的问题，帮助他解决问题，引导他走上正确的人生道路。当孩子无时无刻都能感受到妈妈的爱时，才更有利于他发挥出自己的才能，创造出更大的价值。

当然，和孩子做朋友，并不意味着对孩子的所有行为都听之任之，孩子就可以肆意妄为。妈妈要教会孩子懂规矩，教会孩子要尊重别人，这样才能更好地适应将来的社会。

智慧妈妈

妈妈究竟应该如何和孩子做朋友，怎样才是正确的呢？

首先，当妈妈在和孩子做朋友时，一定要建立在清晰的规则基础之上。如果孩子违反了规则，妈妈就一定要严厉批评，否则会让孩子觉得一切都是可以被原谅的。如果做妈妈的现在不教会孩子规则，任由他胡作非为，长大以后他必定会吃亏。

其次，妈妈要尊重孩子的决定。哪怕孩子的行为在妈妈看来非常可笑，妈妈也不能出言嘲讽，而是要表扬他的动手能力，给予他更多的鼓励和肯定，尊重他的奇思妙想，鼓励他拥有自己的梦想，表扬他为梦想付出努力的决心。

最后，妈妈要学会倾听孩子心灵深处的声音。妈妈要想和孩子做朋友，就要先坐下来，认真倾听孩子内心的想法，知道他真正想要的是什么，而不是从自我感受出发，觉得他需要什么。在倾听的过程中，不管孩子说什么，妈妈都不要随意打断，这是对孩子的尊重，也会让孩子更加信任妈妈。

俗话说，父母是孩子的第一任老师，妈妈在教育孩子的过程中所起到的作用更是不容忽视。妈妈和孩子做朋友，这并不意味着无底线地纵容孩子。先成为孩子的良师，再成为孩子的益友，这样的爱才是丰盈又健康的。

第二篇　邂逅自己，再也不做焦虑的妈妈

故事时间

在妈妈又一次河东狮吼中，小豪终于忍无可忍，选择了离家出走。这下可把全家人吓坏了，大家赶紧出去寻找，幸好小豪没走远，妈妈在一处河塘边找到了他。母子俩进行了一次倾心的交谈。

小豪说："妈妈，我知道您爱我，可是您的爱太让我窒息了，不管我做什么，您都觉得不对，总要给我挑点儿毛病出来。上次我去同学家写作业晚回了一会儿，您就大发雷霆，还规定我以后八点以前必须回家。"

妈妈说："很抱歉，孩子，妈妈只是希望你一切都好，怕你走错道，怕你以后后悔。"

小豪接着说:"我多么希望您像小刚的妈妈一样,可以耐心地倾听他讲述学校里发生的各种趣事,他们就像朋友一样亲密无间,他有什么话都跟他妈妈说,他妈妈只会鼓励他,从来不会贬低他。"

妈妈说:"我可能平时工作比较忙,忽略了对你的关心,你原谅妈妈好不好?以后我尽量多抽时间陪你,听你讲述你的心声。"

小豪喜极而泣,和妈妈拥抱在一起。

这世间有太多像小豪妈妈这样的人,明明是最爱孩子的人,却让孩子对自己心生怨怼。如果你爱孩子,就请多站在孩子的角度考虑问题,俯下身来,多和孩子像朋友一样进行沟通,给予孩子更多的尊重和自由,让孩子学会独立,这才是科学的养育方式。

写给妈妈的话

　　妈妈，我知道您从前也是神采飞扬，不知道从什么时候开始，您的脸上再也没有了笑容，兴许是我的学习成绩太让您丢脸了吧！您这么用心地陪伴我、教育我，我却给了您这样的回报，如果换作是我，也会很生气吧！

　　妈妈，我知道您爱我，非常爱我，甚至可以说，我是您在这个世上最爱的人。可是妈妈，您的这份爱真是太沉重了，压得我快要直不起腰来了。您经常说，如果不是我，您现在会是什么什么样，其实我也这样认为，我就是您人生的遗憾，我让您的人生不再圆满。

　　妈妈，我多么希望您能坐下来，和我像好朋友一样倾心交谈，我要向您表达我对您的爱，相信我，我爱您丝毫不逊于您爱我。我希望您能多听听我的心声，听我讲讲我的烦恼，并给我一些正确的指引，让我不再那么迷茫。当您再一次控制不住，想要对我发火时，您可以试着把音量降低一点儿，问问我为什么，或许下次我就可以少犯类似的错误了。

收起你的控制欲，
把孩子当成一个独立的个体

作为妈妈，你是不是总想要控制你的孩子，让他按照你的意愿行动？你是不是喜欢为孩子安排好一切，确保他所有事情都不出岔子？可是，当妈妈一味地为孩子包办好一切时，未必就是一件好事。毫无保留的爱，会让孩子失去自我成长的机会，孩子不仅不会感激你，反而还会埋怨你太专制。

一个具有较强控制欲的妈妈，会习惯性地为孩子做决定，打点好孩子的一切，这样也会让孩子觉得自己时刻都生活在妈妈的阴影下，这种无形的压力会让他难以舒展，不能做真正的自己。妈妈的控制欲会像一个牢笼，让孩子身处其中，缺乏最起码的自由。不管做什么决定，孩子都会先考虑妈妈的意见，这样不仅会让孩子感到疲惫，还会让孩子变成一个空心人，缺少自主意识。

第二篇　邂逅自己，再也不做焦虑的妈妈

 亲子难题

纹纹妈妈从生下纹纹的那一刻起，就决定把女儿培养成一个全才。为此，纹纹从上幼儿园开始，就忙着上各种特长班。纹纹妈妈不是全职主妇，自己还要上班，每天忙得不可开交。虽然很辛苦，可是当她看到其他孩子还什么都不懂，而自己的女儿已经学会了很多技能时，她就觉得一切都值了。可是这种骄傲随着纹纹上学以后就慢慢消失了。原来纹纹从上三年级开始，成绩就急速下降，一直跌到班级中等。纹纹妈妈很费解，自己给女儿报了那么多补习班，还给孩子准备了那么多套补习资料，每天盯着她学习，为什么成绩还不如那些没有补课的孩子？当然纹纹也并不是没有问题，每

次纹纹写作业都特别磨蹭,每天的作业看起来并不多,可是写作业都会持续到很晚。妈妈觉得自己太累了,不由得对纹纹咆哮道:"妈妈这么辛苦是为了谁,还不是为了你,你怎么这么不争气呢?"纹纹也不甘示弱地哭诉道:"您辛苦,难道我就不辛苦吗?我每天被您管得密不透风,一丝喘息的空间都没有。您口口声声说是为了我好,难道不是为了您自己的面子吗?您只是想要一个成绩好的女儿而已。"其实,纹纹每天作业做到那么晚,就是在反抗妈妈对她的控制。

亲子树洞

作为孩子的妈妈,总是希望孩子可以自信一些,会自己处

第二篇　邂逅自己，再也不做焦虑的妈妈

理问题。可是真的放手让孩子自己做事时，妈妈又总是不敢放手，生怕孩子哪里做得不好。其实这是妈妈不自信的表现，她既不相信自己可以帮孩子托底，也不相信孩子有解决问题的能力。现今社会发展的速度太快，在培养孩子时，妈妈也希望速度可以快一点儿。而孩子的成长是需要一个过程的，不可能一下子就变得特别厉害，妈妈这时就会一边喋喋不休，一边上手帮孩子做了本应该是孩子自己去做的事情，结果就是孩子的自信心受到打击，觉得自己什么都做不好。

妈妈要给孩子成长的空间，不要像影子一样时刻出现在孩子身边，监控孩子的一举一动，这样辛苦的不仅是你自己，还有孩子。这时，不妨转变一下自身的观念，放手让孩子做一些力所能及的事情，妈妈可以在一旁引导，但不要越俎代庖，慢慢锻炼孩子的能力，直到可以完全放手。

智慧妈妈

那么能不能找到行之有效的办法,既可以让孩子的自信心不受挫,又可以不过度控制孩子呢?

首先,妈妈要了解孩子的需求。对于不同生长发育阶段的规律,当妈妈的要了如指掌。比如,三岁的孩子可以掌控自己的手臂力量和手的精准度,五岁的孩子可以自主地在游乐场玩耍。当妈妈知道孩子想要做某件事并不只是娱乐,而是他确实有能力完成时,就可以放心大胆地让他自己去做。当孩子通过试验取得了成功,他就有了自信。

其次,妈妈要学会控制自己的本能,大胆放手。孩子天生就勇气非凡,愿意去尝试任何事情。如果妈妈将其保护得太好,孩子就不敢去尝试,久而久之,他们就失去了学习的能力。只有让孩子勇敢地去尝试了,他们才能慢慢积累经验,日后才会越做越好。

最后,妈妈要多鼓励孩子。鼓励是一个人成长的助推剂,这话一点儿都不假。妈妈平常要多鼓励孩子,让他们明白自己刚刚所做的事是对的,当孩子感受到妈妈的鼓励后,就会变得越来越自信。

第二篇 邂逅自己，再也不做焦虑的妈妈

故事时间

办公室里，小林侃侃而谈，说自己的儿子以后要读什么专业、找什么工作、娶什么样的老婆，她都为儿子想好了。其他人听了不禁咋舌，大家都知道她的孩子才刚上幼儿园，而他以后的路已经全在他妈妈的掌控之中，他们不禁想问：难道您给他安排的路就是最适合他的路吗？

看到其他孩子已经能熟练计算10以内的加减法了，而自己的孩子还在毫无章法地画画儿时，小林焦灼不已。她原本想像以前一样恨铁不成钢地大骂孩子一顿，然后拎起他的耳朵，让他练习计算。之前，她一直是这样做的，孩子一旦哪里做得不好，她就会像拎小鸡一样，将孩子拎到自己面前，

让他不停地练习,一直到她满意为止。

上次因为数字"8"写得不够标准,她就握着他的手练习了一个上午,后来儿子的手都红了。虽然她也心疼,可是想到这样可以帮助孩子上一个台阶时,她就忍住了。这一次,她决定换一种方式,听听孩子是怎么想的。没想到,儿子拿着自己的画向妈妈眉飞色舞地解释道:"这是天空,这是小鸟……"

这一刻,小林突然释然了,孩子就是孩子,他并不是在延续自己的命脉,他是和自己截然不同的人。她可以爱孩子,可是她不能将自己的想法强加在孩子身上。孩子不用按照她指定的路线成长,他可以成长为他自己想要成为的样子。于是,她决定不再控制孩子,而是和孩子一起期待美好的未来。

写给妈妈的话

妈妈，我知道您爱我，希望我一切都好，不要走歪路，可是妈妈，您对我的管控似乎已到了无孔不入的地步，这让我非常压抑。既然您爱我，就给我足够的空间，让我自由地成长，活出自己的人生，而不是凡事都替我做主，让我没有一点儿自主权。

妈妈，我已经长大了，不再是那个需要您捧在手心里的宝宝，我不可能一直做您的乖孩子。当同龄的孩子都已经高飞时，我却还在原地踏步。妈妈，请放手让我自由自在地成长，如果我碰了壁，即使撞得头破血流，那也是我成长的代价。

妈妈，当您事无巨细地帮我安排好一切，凡事都替我打点得好好的，帮我把所有力所能及的事情都做了时，我就失去了成长的机会、锻炼的机会。当我习惯了这样的生活，以后到了应该独立生活的时候，我该怎么办呢？您超强的控制欲会害了我，您知道吗？幸好现在还不晚，一切都还来得及。当您不再控制我，将我当成一个独立的个体时，可能您会收获不一样的惊喜。

第三篇

自我调整，
属于妈妈的自我修行之旅

  某部剧里有一句经典的台词："爸爸我也不是一生下来就是爸爸。"这句话套用到妈妈身上也同样如此，没有人一生下来就会做妈妈。就像新的机器需要有磨合期，当妈妈也是一样，我们要学会自我调整，帮助自己尽快适应新的家庭角色和社会角色，应对生活中的各种变化和挑战。

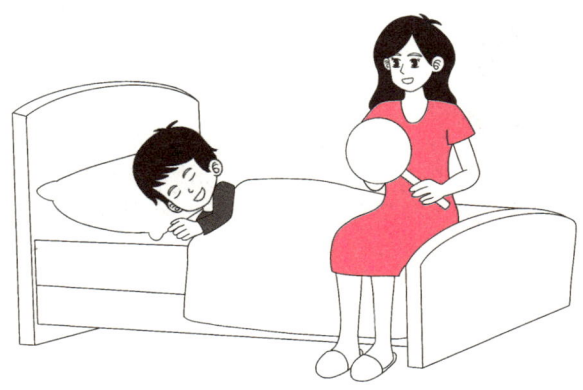

当妈后的身份转变，要学会自我认同

很多女性希望自己在妈妈这个角色上能像自己在工作中表现得那样完美和出色，要求自己"两手抓，两手都要硬"，当事情达不到自己的预期时，常常会感到挫败和焦虑。其实，大可不必。妈妈们可以适当地放低对自我的要求，学会接受不完美，就如俗语所言："小满胜万全。"

很多女性在成为妈妈以后，身体激素水平的剧烈变化、

第三篇 自我调整，属于妈妈的自我修行之旅

生活中宝宝的出现，以及不得不面对的育儿问题都让她们感到焦虑、迷茫和缺乏自我认同感，严重时甚至会产生产后抑郁等心理问题。我国几千年来的传统文化都倡导女性"相夫教子"，这种思想容易使女性忽略自身的需求，这样是不对的。一个女性，首先要做好自己，才能做一个好妈妈，潜移默化地影响孩子。

亲子难题

张凡和许可是好朋友，她们都是工作了几年以后才结婚生子的，出于对孩子教育等问题的考量，都选择了做全职妈妈。虽然是闺密，但她们两人的性格截然不同，张凡热情开朗，许可内向含蓄。

最开始做全职妈妈的时候，和许多妈妈一样，张凡也觉

得照顾孩子手忙脚乱，每天面对着孩子感觉空虚又无聊。为了不让这种状态影响到自己的生活，张凡每天都带着孩子出门玩耍，打入"带娃圈"内部。因此，她结识了很多和自己有共同话题的朋友，孩子也有了自己的朋友。每天的户外活动不仅让孩子非常活泼，体格也特别棒。孩子的茁壮成长让她内心感到非常满足。

与张凡不同，从职业女性变成全职妈妈的许可非常缺乏自我认同感，她觉得自己是一个没有价值的人，这使得她的性格变得更加内向。育儿和家务等琐事常常让她觉得非常厌烦，情绪得不到疏解的她每天都觉得非常郁闷，偶尔还控制不住地对孩子吼叫。这也让她的孩子的性格变得胆小内向。

其实，张凡和许可的情况都非常典型，很多妈妈因为不能适应自己的新身份，不能看到自己的价值所在，选择自我封闭或者自怨自艾，这对自己、对孩子、对整个家庭都是非常不好的。

亲子树洞

母亲是孩子的第一任老师、第一位引路人，母亲对孩子的影响是直接和深刻的。很多时候，孩子就像是一面镜子，从孩子身上我们可以看到妈妈的性格、情绪和他们的家庭氛围。妈妈的家庭地位影响了孩子以后对待女性的态度。即使

第三篇　自我调整，属于妈妈的自我修行之旅

是全职妈妈，也要有清晰的自我认知，既要肯定自己对家庭和孩子的贡献，也要保持乐观的心态。全职妈妈的工作只是没有人会发工资，并不代表它没有价值。做全职妈妈并不意味着我们的生活是黯淡无光的，我们要摒弃那些对全职妈妈的刻板印象，让自己自信起来。一个人的气场是会对周围产生影响的，妈妈的气场会直接影响到孩子的心理。研究表明，自信的妈妈教育出来的孩子也更加自信和开朗。孩子有时候只是不会表达，并不代表他们不会思考和比较，他们也喜欢容光焕发、自信开朗的妈妈。

做全职妈妈并不代表我们要困在妈妈这个身份构建的围

城里，完全没有自我，和外界切断联系。我们每个人都有自己的社会属性，它并不会因为我们成为一个母亲而消失，我们要有自己独立的空间，这对自己和孩子乃至整个家庭都是十分重要的。

因为要照顾孩子的成长，拥有大把属于自己的时间对于很多妈妈来说是奢侈的。然而时间就像海绵里的水，挤一挤总会有的。我们可以充分利用碎片化的时间，例如在孩子睡觉后去做一些我们自己感兴趣的事情，听听音乐、做做瑜伽、学习一些专业知识，或者仅仅是找聊得来的朋友闲聊几句都是可以的。在家庭成员休假或者在家的时候，我们可以去看看风景、去学一项新技能、去和自己的姐妹们逛逛街，这样不仅可以让自己的心情得到放松，学到新的知识和技能，也利于孩子和其他家庭成员之间亲密关系的建立。其他家庭成员也能通过照顾孩子而对妈妈的辛苦感同身受，更能体会到妈妈的价值和付出，这有利于整个家庭的和谐。

故事时间

朵朵是幼儿园小班的小朋友，从她出生以后，她的妈妈就一直在家照顾她的生活起居。因为妈妈无微不至的照顾，朵朵的身体非常健康，性格也很开朗。但是最近妈妈发现朵朵从幼儿园回家后有时候无精打采的，情绪也不是很好。

第三篇　自我调整，属于妈妈的自我修行之旅

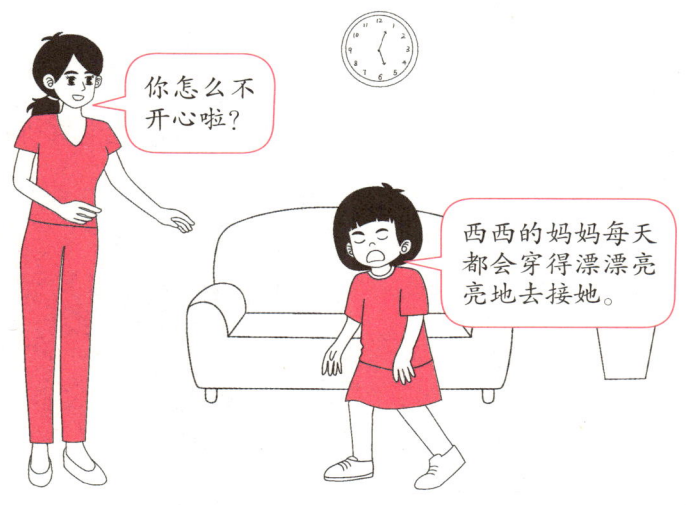

妈妈询问朵朵原因，朵朵说："西西的妈妈每天都会穿漂漂亮亮的衣服去接她，佳佳妈妈会读很多有意思的故事给她听，小朋友们问我的妈妈会什么的时候，我不知道该怎么回答。"说话的时候，朵朵的眼睛里闪烁着泪花。听了朵朵的话，妈妈觉得很震撼，她仔细想了想，这几年自己将全部精力都放在了孩子的身上，自身确实没有成长。

是呀，自己也要成长，孩子才能够更自信哪！

想通了问题的症结所在，朵朵妈妈就行动起来。她每天早上抽时间去晨跑，既锻炼了身体又达到了减肥的目的，把当妈以后再也没有穿进去的裙子重新穿在了身上，整个人的精神状态也变得和以前大不一样了。朵朵去幼儿园以后，妈妈重新找出自己的会计书，每天抽出一部分时间来准备会

计证书的考试。之后，她成功拿到了证书，顺利地在一家公司做起了兼职会计的工作，生活越来越充实和快乐。不仅如此，妈妈发现朵朵也变得更自信和开朗了，再也没有听她说过羡慕哪个小朋友的妈妈这样的话了。

朵朵妈妈，这么早就出来锻炼哪！

是呀，好久没运动，感觉身体都僵硬了。

写给妈妈的话

亲爱的妈妈,您知道吗?在我的眼中,您是全世界最美最好的妈妈。您有一双神奇的手,能在我受伤的时候使我的伤口不那么疼,在我肚子饿的时候做出美味的食物,在我害怕的时候让我变得更勇敢和有力量。但是,您知道吗?您的美不只如此。您有丰富的知识储备,还能说一口流利的英语,在身边的朋友们需要帮助的时候您总是无私地为他们提供帮助,我们一起出门玩的时候您曾经用流利的英文帮外宾指路,那时我觉得您真是太酷了,真让我骄傲和佩服。以后我也要像您一样,好好学习,尽力去帮助那些需要帮助的人。偶尔我也会听到您对于自己做全职妈妈这件事的抱怨和苦恼。我的美术老师曾说过,美的定义不止一种。您的美和光芒并不会因为您是全职妈妈而黯淡,您的自信和开朗时刻影响和感染着我,让我觉得生活是有趣的、多彩的,让我也变得自信和开朗。所以,妈妈,请记得让自己发光。

放下内心的焦虑不安，做个觉醒的妈妈

在社交媒体上，我们时常能看到家长被孩子气到生病的新闻和报道，这让很多妈妈感同身受。在与孩子的交流沟通中，每个妈妈或多或少都经历过被孩子激怒的时刻。但是问题真的出在孩子身上吗？其实，很多时候是错误的育儿观念和思维导致我们产生愤怒和焦虑。

纪伯伦的诗《你的孩子其实不是你的孩子》里写道："你可以给予他们的是你的爱，却不是你的想法，因为他们有自己的思想。"这句话深刻地揭示出我们在育儿方面的误区。很多妈妈常常因为孩子的不领情而感到愤怒，却没想过是自己给予孩子关心和爱的方式出现了问题。爱是尊重和理解，而不是控制。如果我们学会平等和尊重，那么亲子关系肯定会得到很大的改善。

第三篇 自我调整，属于妈妈的自我修行之旅

 亲子难题

小张的宝宝是纯母乳喂养的孩子，在孩子一岁半的时候，她决定给孩子断奶。尽管小张已经做好了心理准备，也了解了相关知识，但是真正开始的时候小张还是十分焦灼。

第一天晚上，小张早早地就给孩子洗完澡上床了，但是孩子一个劲儿地左翻翻、右爬爬，始终没有办法安静下来。为了让孩子尽快入睡，小张只好去冲了一些奶粉，准备让孩子吃得饱饱的。可是孩子拒绝喝奶粉，甚至不停地哭闹起来。因为小张提前了解到这是孩子分离焦虑的表现，所以，

她非常耐心地抱着宝宝来回溜达，给他放轻音乐、讲故事。

然而，一个小时过去了，孩子还是丝毫没有入睡的意思，小张也感觉自己的情绪已经处在了崩溃的边缘。情绪难以自控的小张一下子提高了嗓门儿，眼神也变得凶了起来，朝着孩子大吼大叫："你到底怎么才能睡觉？烦死我了！"正在哭闹的孩子听到小张的叫声后，哭声变得越来越大。听到孩子的哭声，想想哭闹是孩子处于断奶阶段的正常反应，小张的心里十分自责，再加上一直找不到让孩子顺利入睡的好办法，小张没能控制住自己的情绪，跟着孩子一起哭了起来。

"种瓜得瓜，种豆得豆。"这句话非常形象地概括了父

第三篇 自我调整，属于妈妈的自我修行之旅

母对子女的教育和影响。父母的言行举止会对孩子产生直接的影响，开明宽容的父母可以教育出开朗乐观的孩子，焦虑不安的父母则会让孩子无法保持从容淡定。虽然道理大家都明白，但是很多人却无法控制自己的言行，从而将焦虑的情绪传递给自己的孩子。

对此，家长也不用过分自责。觉醒和反思是改变的第一步，当你开始真正面对自己内心的焦虑、不安、无助等情绪，而不是将问题一股脑地归咎于孩子时，就已经胜过了很大一部分父母。现代社会，很多人出于利益的考虑，不停地贩卖焦虑，无形中加重了父母对孩子的期许。虽说"父母之爱子，则为之计深远"，但我们更应该明白，所有美好的未来都是由一个个今天组成的，我们只有立足当下，开始觉醒并做出转变，才会拥有美好的未来。

智慧妈妈

很多妈妈在教育孩子的过程中，会拿孩子的现在和自己的过去作对比，通过忆自己的苦来让孩子思现在的甜，以此让孩子变得懂事、听话。也有一部分家长对孩子的未来忧心忡忡，总是因为一些尚未可知的问题而焦虑不安，其实这都是错误的育儿理念，这时候需要觉醒的就是家长。如果我们想要和孩子共同成长，就要先学会立足当下，平等地对待他们。很多父母打着为孩子好的旗号，为孩子做规划，对孩子提出要求，却往往忽略了孩子本身的意愿。

很多时候，我们所谓的好并不是孩子真正需要的，这些好只是为了抚平家长自己内心的焦虑和不安。孩子不是提线木偶，他们有自己的思想和情感，也有自己对于这个世界的见解和判断。我们不必过分干预孩子的成长，将自己的意志强加在孩子的身上，要相信孩子对世界的觉悟以及适应能力。授人以鱼不如授人以渔，在与孩子相处的过程中，适时的引导远胜于处处插手和关心，适当地放手是对孩子的爱。有人说母爱是得体的退出，是渐行渐远的告别，的确如此。我们要做的不是将孩子困在自己规划的蓝图里，做一个没有思想的巨婴，而是站在他们的身后，给予他们充分的尊重、理解和支持，让他们自己去觉醒、去感知这个世界。

第三篇　自我调整，属于妈妈的自我修行之旅

 故事时间

豆豆是独生子，妈妈常说他是自己的心肝宝贝儿，对他可谓是含在嘴里怕化了，捧在手心怕掉了。无论什么事情，妈妈都会替他想到，提前帮他处理好。

宝贝，你研学回来了，怎么样，开心吗？

不开心，非常不开心。

暑假，妈妈帮豆豆报了一个三天两夜的研学旅行团，本以为孩子旅游回来会非常开心，但是妈妈却发现豆豆有些情绪低落。原来在旅行中，由于豆豆的自理能力很差，做事情没有章法，也没有自己的主见，因此受到了同行小伙伴们的嘲笑。豆豆妈妈听完以后陷入了沉思，她平时对豆豆过于细致的照顾真的是对他的爱吗？此时她得到的答案是否定的。

经过反思,妈妈决定慢慢改变自己的行为,充分尊重豆豆的意愿。

在豆豆的学习和生活中,妈妈改变了以往大包大揽的做法,开始充分征求豆豆的意见,听取豆豆的想法。开始的时候,她总是担心豆豆不能够做好自己的事情,但是经过一段时间的观察和实践后,妈妈发现豆豆其实是一个内心很有想法的孩子,在很多事情的处理上都很有自己的一套方法,甚至有时候比她做得还要好。不仅如此,妈妈还发现,自从豆豆开始尝试独立做决定和解决问题以后,他整个人都变得自信起来,待人接物也比以前更加成熟和落落大方。

写给妈妈的话

　　妈妈，首先我要感谢您对我无私的爱，在我成长的每一个瞬间都给予我最诚挚的祝福和最有力的支持。然而，这份爱太过厚重，也常常会让我觉得很受束缚。我渴望用自己的眼睛去看这个世界，用自己的心去感受这个世界，用自己的脚步去丈量这个世界，而不是在您构筑的城堡里看世界，在您描绘的画面中感受世界。我希望您能放下心中的焦虑和不安，对我多一些信心，多给我一些独立的空间。我羡慕那些独立自信的小伙伴，我希望自己能够主导自己的生活，对自己的事情能拥有话语权。尽管我可能会面临风雨和失败，但是在您的辅助和关爱下，我一定会有应对的勇气和信心。每一个大人曾经都是小孩儿，我的心情您一定可以感同身受。我不想再做一朵温室里的花，永远生活在你的庇护之下。我想学那展翅的雄鹰，独立地翱翔于天空之中，成为一个独立坚强的小孩儿。

停止无意义的内耗，
做个乐观快乐的妈妈

在生活中，我们常常会看到这么一类人，他们很努力地生活，希望自己能够兼顾工作和家庭，做一个面面俱到的人。然而，事实却总是与期望背道而驰，生活常常让他们觉得力不从心。其实，这与他们的心理状态有很大的关系，内耗的人容易将自己的生活过得十分拧巴。

内耗的人一般都缺乏自我认同感，他们无法认同自己的价值，过度关注外界对自己的评价，常常纠结于一些小问题，和自己较劲儿。这是一种不健康的心理状态，容易让人产生焦虑和抑郁。现实中，内耗的人非常之多，其中女性的占比要比男性高出不少。女性天生心思较为细腻敏感，这原本是性别优势，但如果过度敏感就会变成内耗，伤人又伤己，影响正常的生活。

第三篇　自我调整，属于妈妈的自我修行之旅

 亲子难题

敏敏的妈妈从敏敏出生以后就一直肩负着照顾她的重任，高龄产子再加上只有一个孩子，让妈妈对敏敏的照顾丝毫不敢放松，生活中但凡关于孩子的事情，都能刺激到她敏感的神经。敏敏学翻身比同月龄的宝宝晚一些就会让妈妈焦躁不安，怀疑是因为自己怀孕的时候年纪太大。敏敏长个儿的速度不如其他小朋友快也会让她觉得非常紧张，非要去咨询医生。在早教中心学习的时候，如果老师没有特意夸奖敏敏，妈妈也会怀疑是不是敏敏的表现不够好。诸如此类的事情在她的生活中时有发生，尽管家人尝试过各种办法缓解她的内耗和焦虑，却收效甚微。

随着年龄的增长，转眼间敏敏到了上幼儿园的年纪。相比于其他孩子，敏敏对于集体生活的适应性要差很多，她表现得不太合群。只要老师说话时的表情稍微有一些严肃，她就会解读为老师在批评和针对她，并为此号啕大哭。和小朋友们玩玩具、过家家的时候，对分工不满意也会让她觉得心理压力很大。和其他孩子的活泼开朗相比，敏敏总是显得沉默寡言，不太合群。每天早上因为上幼儿园的问题，她和妈妈都会上演一番拉锯战。

 亲子树洞

要想从内耗的沼泽中脱身，关键在于接受。既要接受

第三篇 自我调整，属于妈妈的自我修行之旅

自己的不完美，也要允许孩子不完美。"金无足赤，人无完人"的道理我们都懂，但还是有很多妈妈会忍不住强求完美。很多时候，与其说是家长教育孩子，不如说是家长和孩子共同成长。妈妈是第一次做妈妈，孩子也是第一次做孩子，都难免会有不尽如人意的地方，我们不要总是怀着一颗说教的心，企图让孩子按照自己设定的轨迹成长。

相比于唠叨和说教，言传身教更能起到"润物细无声"的作用。如果你想要孩子变成你期待的样子，你自己就需要先按照自己的期望去说话做事。扪心自问，你的孩子是不是要求过你做一个完美的妈妈？你又能否真的达到孩子的期望？其实，只要你想明白了一些事，内耗便不复存在。当然，这并不是说让我们对孩子的成长放任不管，而是让我们先做好自己，再去带动和感染孩子。

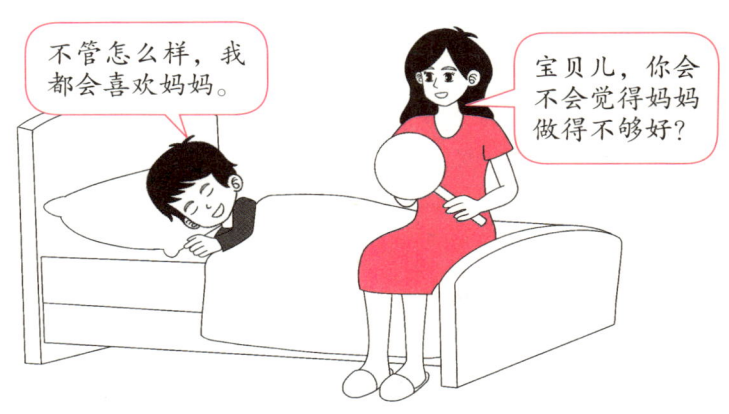

智慧妈妈

要想做一个乐观积极的妈妈,像太阳一样照亮孩子的世界,我们就要学会停止内耗和焦虑。要想做到这些,我们可以从以下方面做出尝试和改变:

首先,我们要戒掉敏感,降低期待值。不要外界一有风吹草动,就在自己的心中翻起惊涛骇浪。

其次,我们不要对自己的生活设限,把自己过成一个活在套子里的人。每个人的人生都有无限可能,妈妈只是我们成长中的一个角色而已,我们要学着做自己,勇敢地追求自己想要的生活,只要你愿意,就可以随时出发。

再次,我们要远离传播焦虑和内耗的人。俗话说:"跟着蜜蜂找鲜花。"和什么样的人在一起就会有什么样的生活。多和积极努力的人在一起,远离传播消极和焦虑情绪的人。

最后,我们要拥有一颗平常心,以平常心对待自己和孩子。

成成妈妈是一个争强好胜、追求完美的人,受"不能让

第三篇　自我调整，属于妈妈的自我修行之旅

孩子输在起跑线上"这类教育口号的影响，她把成成的课外生活安排得满满当当。她希望自己的孩子能够在各方面都出类拔萃，这让她的神经时刻保持紧绷，也让成成觉得快要喘不上气了。一年级期末考试以后，虽然老师没有对孩子们的成绩进行排名，但是对比其他孩子，成成的成绩平平。不仅如此，老师还反映成成在上课的时候注意力不集中，平时看起来也比较焦虑内向，希望这些问题能引起妈妈的重视。

回家以后，妈妈和成成进行沟通。通过成成的描述，妈妈才意识到自己平时内耗和内卷的教育方式给孩子带来了很大的心理压力。成成总是担心自己做不好事情会引起妈妈的不满，每天各种学习计划让成成无法拥有休闲娱乐

的时间。如此种种，导致他精力不足，对学习也失去了原本的热情。

认识到自己的错误以后，妈妈也开始尝试放平自己的心态，将课外班的数量缩减下来，只保留一两个成成感兴趣的课程。每天写完作业后，妈妈也会和成成聊聊天儿，允许成成去看自己喜欢的动画片，玩自己感兴趣的轮滑。经过一段时间的改变，成成和妈妈的状态都变得松弛了许多，成成的学习热情也有了显著的提高。

写给妈妈的话

　　妈妈，看到您每天都因为我的教育问题忧心忡忡，我觉得非常自责和难过。您的这种情绪让我们的家庭气氛十分压抑，让我倍感压力。我也在很努力地做得更好，希望能成为您的骄傲，抚平您的焦虑和不安。我也许是没有用对方法，也许是没有找对努力的方向，结果常常事与愿违。归根到底，学习是我自己的事情，也许我属于大器晚成，也许我注定平庸，但这并不影响我对您的爱，我相信这也不会影响您对我的爱。那些"别人家的孩子"犹如温室花朵，您的孩子却是独一无二的，这并不是我为自己暂时的平凡找借口，我不会放弃努力，但也希望您降低自己的期许。一个背负着沉重行囊的人和一个轻装上阵的人，谁会更轻松，谁能走得更远，答案不言自明。所以，请您调整自己的状态，少一些焦虑和内耗，多一些快乐和轻松，多给我一些时间和空间，我一定会更加努力地提升自己。

学习永无止境，
不断提升自己的教育理念

养不教，父之过；教不严，师之惰。现实中，许多家长对孩子的教育问题很头疼。但光担忧是没有用的，关键是要更深入地了解孩子，学习正确的教育方法。只有家长及时更新教育观念，才能培养出适应现代社会的孩子。

作为妈妈，教育孩子既是一份重任，也是自我提升与成长的宝贵机会。我们需要不断学习，努力提升教育素养，精准把握教育的艺术。同时，我们也要以身作则，以积极向上的生活态度和崇高的品德为孩子树立典范。深入了解并尊重孩子的独特个性和兴趣所在，通过频繁的沟通与互动，搭建起亲子间的心灵桥梁。

当孩子面临挑战时，我们要成为他们的坚强后盾，鼓励他们勇往直前。唯有如此，孩子才能在我们的引领下茁壮成长，稳步走向成功之路。这一过程不仅塑造了孩子，也促进了

第三篇　自我调整，属于妈妈的自我修行之旅

我们自身的成长与蜕变。

 亲子难题

冰冰的妈妈是个"老传统"，她深信只有严格的教育和高标准的学习要求，才能让女儿冰冰出类拔萃。可是，这种老套的教育方式，却让她和冰冰之间的关系越来越紧张。

冰冰是个机灵活泼的女孩子，她对什么事都特别好奇，总是想探索这个五彩斑斓的世界。她热爱科学和艺术，总想着去尝试各种新鲜的事物。但在妈妈眼里，这些都不如一张高分数的成绩单来得实在。

每当冰冰想参加一些有趣的小组活动，或者想尝试点新玩意儿时，妈妈总是拦着他，担心这些会影响她的学习。冰冰心里很不是滋味，她觉得自己像被困在了一个学习的牢笼

里，不能自由地追求自己的梦想。

时间一天天过去，冰冰对妈妈的教育方式越来越反感。她开始和妈妈顶嘴，两人经常因此吵架。而妈妈呢，每次都用更严格的要求来回应冰冰，想让她屈服。但这样反而让冰冰更加叛逆，她们母女之间的关系也变得越来越僵。

冰冰觉得自己像是被困在了一个无法逃脱的循环里，而妈妈也开始怀疑自己的教育方式是否正确。母女俩的矛盾，就像是一道难以逾越的鸿沟，阻挡在她们之间。

亲子树洞

在家庭教育的道路上，妈妈应当细心观察孩子的独特性格与兴趣，为他们量身打造生活、社交及学习方面的期望。

第三篇 自我调整，属于妈妈的自我修行之旅

这些要求需要层层递进，让孩子在追求新目标的过程中保持动力。目标的设定需要恰到好处，既不过高，让孩子望而却步；也不过低，让他们失去挑战的欲望。而是应该紧贴实际，让孩子能够触摸到成功的门槛。在这一过程中，妈妈的指引与监督显得尤为重要，适时地给予孩子鼓励与支持，助力他们一步一个脚印地向前走。

妈妈不仅是孩子的引导者，更是他们的榜样。孩子天生充满好奇，善于模仿，而家庭这片小天地就是他们最初的学习乐园。妈妈的每一句话，每一个行为，都可能成为孩子模仿的对象。因此，妈妈要用自己的知识、品行和良好习惯，为孩子树立起一个值得效仿的楷模。同时，妈妈还需悉心经营家庭氛围，留意自己的言辞和行为，不断调整与完善自己在孩子心目中的形象，以最美的姿态陪伴他们成长。

智慧妈妈

在孩子的成长过程中,妈妈的影响至关重要。那么,妈妈们该如何更新自己的教育理念,更好地陪伴孩子成长呢?

首先,别只盯着孩子的学习成绩。孩子的全面发展才是关键,包括他们的道德品质、身体素质、审美能力和劳动习惯。记住,"德智体美劳"全面发展才是我们培养孩子的目标。

其次,除了学习,还要关注孩子的自我价值。当孩子对某件事感兴趣时,要鼓励他们自由探索,而不是过多地干涉。当孩子取得进步时,给予他们肯定和鼓励,让他们感受到自己的价值。

再次,别只看结果,过程同样重要。孩子的学习过程也是他们成长的过程,让他们知道自己的不足,并努力学习改进,这样的过程才是真正的成长。

最后,要全面关心和培养孩子。不仅关注他们的学习,还要关心他们在生活中遇到的问题。与孩子一起面对和解决困难,让他们感受到妈妈的支持和陪伴。

所以,妈妈们要不断更新自己的教育理念,重视亲子关系的处理。做一个能够正确认识和教育孩子,并且不断学习提高自身素质和能力的好妈妈。只有这样,我们才能更好地陪伴孩子健康成长。

第三篇　自我调整，属于妈妈的自我修行之旅

故事时间

马笑和她的儿子洪强关系一直十分紧张。洪强是个聪明好学的孩子，但马笑总是过分关注他的学习成绩。每当洪强考不到理想的分数时，马笑就会严厉地批评他，让他倍感压力。

随着时间的推移，洪强变得越来越沉默寡言，回家后就躲进自己的房间，不愿与马笑多交流。马笑感到困惑和担忧，她不明白为什么自己的严格教育反而会让孩子与自己疏远。

有一天，马笑无意间听到邻居们谈论教育理念，他们提到孩子的全面发展、关注孩子的内心世界等观点。这让马笑开始反思自己的教育方式。她这才意识到，自己一直忽略了洪强的感受和需求，只是单方面地强调他的学习成绩。

为了改善与孩子的关系,马笑决定改变自己的教育理念。她开始关注洪强的兴趣和爱好,鼓励他参加学校的社团活动,培养他的社交能力。同时,马笑也学会了倾听和理解洪强,并尊重他的想法和选择。

渐渐地,洪强感受到了妈妈的变化,他开始主动与妈妈分享自己的心事和喜悦。母子俩的关系逐渐回暖,家庭氛围也变得和谐融洽。

写给妈妈的话

　　妈妈,我想和您谈一个对于我来说很重要的话题,那就是教育理念。我知道您一直都在努力使自己成为一个好妈妈,给我提供最好的教育,但是我想说的是,教育是一个不断发展和变化的过程,您也需要不断地更新自己的教育理念。

　　妈妈,我希望您能更加注重我的兴趣和特长。每个人都有自己的独特之处,我喜欢的事情可能和别人不一样。我希望您能更加关注我的兴趣和潜力,帮助我发掘并培养它们。这样一来,我会更加热爱学习,也会更加有自信和动力去追求自己的梦想。

　　妈妈,我觉得您需要更加注重我的心理健康。学习是很重要,但是过度的学习压力和期望会让我感到焦虑和沮丧。我希望您能理解我的感受,给我足够的自由和空间去发展自己的个性和兴趣。当我遇到困难时,我希望您能给予我支持和鼓励,而不是一味地指责和施压。

　　妈妈,我希望您能和我一起学习,一起成长。教育不仅是我一个人的事情,也需要您的参与和引导。我希望我们能一起探索新的学习方式和方法,尝试不同的教育资源和课程,让我在学习中始终保持新鲜感和兴趣。

收起多余的担心，
给孩子大胆试错的机会

妈妈对孩子总是有数不尽的担心，担心他拖地拖得不干净，担心他切菜会切到手，担心他洗衣服洗不干净……事实上，孩子就是通过一次次试错、一次次去尝试新事物，才慢慢成长起来的。有的孩子你怎么说他都不听，相同的错误总是犯了又犯，其实这是家长没有给孩子提供大胆试错的机会。

从古至今，每个人都是在不断犯错、不断纠错的过程中成长起来的。妈妈不也是在跌跌撞撞中慢慢成长起来的吗？有多少人是按照妈妈给他规划好的路线一路走过来的？妈妈会犯错，孩子也会犯错，不要总是担心孩子会犯这样那样的错误，给孩子犯错的机会，就是在帮助孩子成长。妈妈们要克制内心的焦灼，不要试图去操控孩子，适当地放手，让他们自由成长。

第三篇　自我调整，属于妈妈的自我修行之旅

 亲子难题

小瑜在三十五岁时才生下一个宝贝儿子，对儿子自然是极尽关爱，从来不让他做任何事情。转眼间，儿子该上幼儿园了。感恩节这天，幼儿园老师布置了一项家庭作业，让孩子做一项简单的家务，比如扫地、洗袜子什么的，学会体谅父母的辛苦。孩子兴冲冲地跑回家，告诉妈妈今天的这项特殊作业。谁知小瑜却一点儿都高兴不起来，因为孩子从小什么都没干过，他哪会洗袜子呀。但是她拗不过儿子，只好帮他接好水，拿来肥皂，然后教儿子洗袜子。谁知，小家伙却只觉得好玩，一会儿将水洒得到处都是，一会儿将肥皂弄到了脸上，气得小瑜说："你就别在这帮倒忙了，哪里凉快

哪里待着去!"孩子"哇"的一声就哭了,边哭边说:"老师说的,这是家庭作业,一定要完成的。"小瑜无奈,只好重新搬来小凳子让他坐下,耐心地教儿子先把袜子捋整齐,然后打上肥皂,再放在手心搓几下……孩子毕竟是孩子,妈妈的话还没有说完,小家伙就不愿意学了。气得小瑜直翻白眼,连声嘀咕:"不是你要学吗?怎么刚试了一下又放弃了?"儿子说:"我以为洗袜子多简单呢,谁知道还有这么多步骤!"小瑜这才意识到,都怪自己平时没给儿子锻炼的机会。

妈妈,老师今天布置了一项特殊的作业,让我们自己洗袜子。

你从来没干过活儿,哪会洗袜子呀。

亲子树洞

今天孩子小,什么事情都是妈妈一手给他包办,帮他扫清一切障碍,可是妈妈能帮他一辈子吗?既然不能帮他一辈

第三篇　自我调整，属于妈妈的自我修行之旅

子，为什么不早点儿给他锻炼的机会，让他早日习得各种能力，不至于错失最佳试错机会，贻误了成长的最好时机。

妈妈在确保安全的前提下，要鼓励孩子大胆试错，这样有助于他更好地认识这个世界。孩子具有好奇的天性，要尽力去释放他的这种天性，让他多接触新鲜事物，而不是一味地去阻止他的探索欲望。在试错的过程中，孩子能够习得一些解决问题的方法，这有助于培养他的自信心，让他更愿意去尝试。

妈妈，这些书我看完了，您帮我放回书架里吧。

妈妈可以帮你把书挪到高处，书架下层的空间就需要你分类安排了。

智慧妈妈

智慧妈妈要多给孩子创造试错的机会，帮助孩子成长。

首先，妈妈不要总是给孩子灌输输赢观念。很多妈妈不是拿自己家孩子和别人家孩子对比，就是听信某些专家的话，大

肆夸奖自家孩子。这两种教育模式其实都是在告诉孩子，输赢很重要。长此以往，孩子就会非常看重输赢，变成输不起的孩子，在挫折面前一蹶不振，也不敢去挑战任何新鲜事物，生怕自己做不好。

其次，妈妈要重视孩子努力的过程，而不是结果。如果妈妈过于看重结果，会让孩子惧怕失败，不敢放手去做任何事情。妈妈要告诉孩子，一件事情不管结果怎样，努力的过程才是最重要的，要鼓励他们勇敢地去尝试，即使失败了也没有关系，至少享受了过程。

再次，妈妈要敢于放手，不做孩子的保护伞。每个妈妈都希望自己的孩子一帆风顺，但这只是希望而已。现实中，孩子必然会经历各种挫折，这也是他们自我成长的一部分。如果妈妈一手包办，孩子就失去了成长的机会。

最后，妈妈要允许孩子慢慢成长。妈妈之所以不想让孩子自己尝试，很多时候是觉得时间不够，孩子做得太慢，浪费时间。那么你完全可以选择一个充裕的时间段，允许孩子慢慢练习。

故事时间

这天，淘淘和妈妈、姥姥一块儿出去逛街。结果刚走到半路，淘淘发现自己的鞋带松了，于是蹲在台阶上开始系起

第三篇　自我调整，属于妈妈的自我修行之旅

来。兴许他刚学会系鞋带，又或者是天太热了，只见他鼓捣了半天，两根鞋带却依然执拗地跑到两边。淘淘不死心，又开始重新系。只见他笨拙地将两根鞋带交叉在一起，然后再打个结，结果却因为用力过猛，打成了死结，他急得都快哭了。他请教妈妈："妈妈，您再教我一遍，这次我一定能学会。"妈妈见孩子向自己求助，便耐心地给他演示了一遍，然后解开让他自己再试。结果，他试了一次又一次，依然没有系上。

一旁的姥姥有些看不下去了，对女儿说："你帮他系上不行吗？孩子还这么小，他哪会系这个呀！"结果妈妈却说："您放心吧，没事，让他自己多试几次，慢慢就熟练了，谁都是从不会到会的呀！"

听到姥姥的担心,淘淘抬起亮晶晶的眼睛,对她说:"姥姥,您再等等我,我一定可以系好的。"姥姥见状也不好再说什么,只是摸了摸他的脑袋,向他竖起大拇指。

阳光洒下来,淘淘额头上的汗珠闪闪发光。也不知道过了多久,淘淘终于系好了鞋带,高兴得一蹦三尺高,对妈妈和姥姥说:"现在我们可以去逛街啦!"

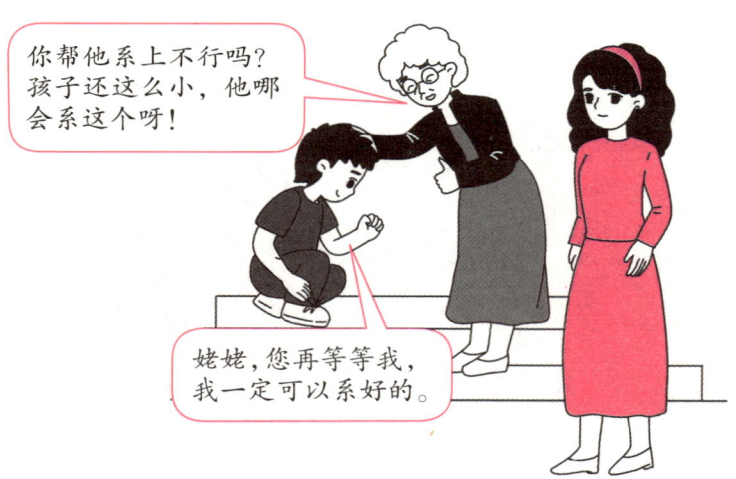

写给妈妈的话

　　妈妈，我知道您是因为太爱我了，所以才想要为我打点好一切，生怕我受一丁点儿委屈。可是妈妈，每个人都要依靠自己的力量才能成长，虽然很多事情我现在做得还不够好，可是我相信只要努力去尝试，慢慢地我会越做越好的，您要相信我。

　　妈妈，当我遭遇挫折时，请给予我鼓励，而不是一味地打压我、刺痛我：我本就不是这块料，我什么也做不好。这样会让我丧失自信，以后但凡遇到一点儿挫折，我就会给自己贴上"不行"的标签。遇到好的机会，我也不敢放手去尝试，我害怕自己会搞砸。

　　妈妈，您总是担心我什么事情都做不好，嫌弃我做得慢，浪费时间。可是，妈妈，您也不是从一开始就什么都会吧。您也是慢慢探索，慢慢在失败的过程中吸取教训，才成长为现在这个样子的。走在人生的道路上，谁都难免会犯错，既然这条路早晚都要走，还不如早点儿走。在这个过程中，我会不断总结经验教训，争取成功。如此得来的成功体验，会让我更有成就感，也更能对人生充满希望。

懂得调控自己的情绪，做个内核稳定的妈妈

每个人都有各种各样的心情，比如开心、难过、兴奋和生气。有时候，我们会对某些事情反应过度，这就是所谓的不良情绪。但就算是不良情绪，也有它存在的意义。我们可以选择把它藏在心里或者发泄出来，但真正决定结果的不是情绪本身，而是我们对待这些情绪的态度。

教育孩子的路上，妈妈们的情绪管理是一大考验。谁都可能心情不佳，妈妈们也不例外。但我们要注意，别把坏情绪撒在孩子身上，别让他们承受不该承受的压力。说到情绪管理，这其实关乎每个人的情商。一个妈妈越能驾驭好自己的情绪，她的情商就越出色。但情绪多数情况下是难以控制的，时而晴朗，时而阴沉。尤其是对于忙碌的妈妈们来说，情绪管理真心不易。因此，我们需要更深入地理解情绪，学会与它和平共处。

第三篇 自我调整，属于妈妈的自我修行之旅

亲子难题

肖琳的妈妈是一名职业女性，由于工作压力大，情绪常常不稳定。肖琳是个充满好奇心的孩子，原本天真烂漫，但因为妈妈频繁的情绪波动，她的生活也受到了不小的影响。

一天傍晚，落日余晖映照在窗户上，妈妈疲惫地回到了家。只见她眉头紧锁，显然是工作中遇到了问题。此时，肖琳正蹲在地上，眼泪"簌簌"地滑落，她心爱的玩具车被摔得七零八碎。

妈妈听到哭声，走进客厅，看到这一幕，她的内心瞬间被愤怒填满。她严厉地斥责了肖琳，声音尖锐而刺耳。肖琳被吓得瑟瑟发抖，她的哭声更加响亮，仿佛在控诉着妈妈的

不理解。

这样的场景在肖琳家中屡见不鲜。每当妈妈情绪不稳定时,家里的气氛就变得紧张而压抑。在这样的环境下,肖琳变得越来越敏感,她害怕自己的一举一动都会引起妈妈的反感。

肖琳的学习成绩开始下滑,注意力难以集中。每次考试后,面对妈妈失望的眼神,肖琳都感到无比愧疚。她开始疏远同龄的小伙伴,把自己封闭在小小的世界里。

妈妈也意识到了问题的严重性,她尝试与肖琳沟通,但总是因为方式不当而让情况变得更糟。她感到无助和迷茫,不知道如何才能帮助女儿走出阴影。

第三篇　自我调整，属于妈妈的自我修行之旅

 亲子树洞

在家庭生活中，情绪管理对于妈妈们来说是一项艰巨的任务。许多妈妈在面对压力时，总是会不自觉地陷入情绪化的旋涡，这不仅让沟通变得困难，还可能无意中给孩子的心灵带来伤害。

孩子们是非常敏锐的，他们能够感知妈妈的情绪波动。因此，作为妈妈，我们需要学会如何更好地驾驭自己的情绪。情绪虽然是我们的自然反应，但如何表达和应对却是我们可以控制的。

当我们感到情绪激动时，不妨试着冷静下来，用平和的语

气和孩子交流。通过增强对情绪的感知能力，我们可以更加理智地面对孩子犯错的情况，而不是用冷漠或指责来伤害他们。

一个情绪稳定的妈妈，是家庭幸福的基石。她能够给孩子带来温暖和安全感，引导他们走向健康成长的道路。因此，我们应该积极调整自己的情绪状态，努力成为孩子眼中的好妈妈。只有当我们自己的情绪稳定时，才能为孩子营造一个快乐、和谐的家庭氛围。

智慧妈妈

为了更有效地管理情绪，智慧妈妈们需要采取一系列策略。

首先，我们需要正视并接纳自己的情绪。孩子的某些行为可能会触发我们的负面情绪，但压抑或否认这些情绪并非良策。当情绪涌起时，不妨先尝试深呼吸，让自己暂时离开现场，冷静一下。只有当我们从内心深处接受了这些情绪时，才能更好地教育孩子。

其次，对于孩子的问题，我们需要学会"冷处理"。当孩子和我们都处于情绪激动状态时，沟通往往难以进行。此时，最好的做法是等待双方情绪稳定后，再坐下来用平和的语气与孩子交流。倾听他们的想法，了解他们的感受，并一起探讨解决问题的方法。

第三篇　自我调整，属于妈妈的自我修行之旅

最后，妈妈们还需要时刻注意自己的情绪状态对孩子的影响。我们的情绪会在无形中传递给孩子，影响他们的情绪和心理发展。因此，我们要努力避免在孩子面前流露出消极情绪，营造一个温馨、和谐的家庭氛围。

张杰情绪多变，常常因为一些小事大发雷霆。他的妈妈虽然深爱着张杰，但面对他频繁的情绪爆发，妈妈的情绪也开始变得不稳定。

一天，张杰又因为找不到心爱的玩具而大哭大闹。妈妈看到这一幕，心中的火一下子冒了上来。她大声地斥责张杰，试图让他安静下来，但效果却微乎其微。

妈妈终于冷静下来,她意识到,自己这种情绪不稳定的状态不仅无法帮助张杰解决问题,反而会让他的情绪更加失控。于是,她决定改变自己的方法,尝试用更加温和、理智的方式来应对张杰的情绪。

从那天起,每当张杰发脾气时,妈妈不再大声吼叫,而是努力保持冷静。她温柔地走到张杰身边,轻轻地抱住他,用平和的语气告诉他:"妈妈知道你现在很生气,但我们可以一起想办法解决问题。"

张杰被妈妈的温柔打动,他渐渐地安静下来,开始尝试用平和的语气表达自己的不满。随着时间的推移,张杰学会了控制自己的情绪,家里的气氛也变得更加温馨和谐。

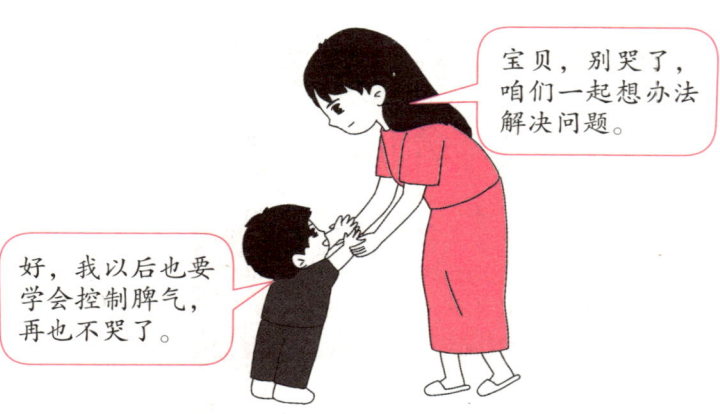

写给妈妈的话

亲爱的妈妈，每次当我因为一点儿小事就生气、哭闹的时候，我知道您肯定很头痛。但我现在开始明白了，这样的情绪爆发不仅解决不了问题，还会让家里的气氛变得紧张，让您也感到不开心。

我注意到您在我生气的时候，也会跟着着急起来，您的眉头会紧锁，脸上也会露出担忧的表情。我知道您是为了我好，希望我能开心快乐。但看到您因为我的情绪问题而烦恼时，我真的很心疼。

妈妈，感谢您！每次我情绪失控的时候，您都会很耐心地安抚我，告诉我不要烦躁，我们可以一起找到解决问题的方法。您的拥抱和话语总能让我感到温暖，让我知道我不是一个人在面对困难。

所以，我现在想要更努力地去控制自己的情绪。我不想再因为一点儿小事就乱发脾气，让您担心。我想学会冷静地思考问题，用更加平和的心态去面对生活中的挑战。

把握好自由与约束的边界，让孩子变得更自律

很多家长常常溺爱孩子，忽视培养孩子的自律能力，导致孩子行为不当。这其实是教育不当的结果。所以，从小教导孩子自律特别重要。言行得体，人才能安全幸福。无论孩子多大，都要培养自律能力，但别伤了他们的身心。妈妈要用有趣的方式，坚持训练，才能让孩子变得更加自律。

孩子的成长如同小树苗，需要阳光雨露，也即自由的空间，来激发他们内在的成长动力。但自由并非无拘无束，而是建立在一定的界限和规则之上。

就像游戏有规则，社会有法律，自由也需要框架。这个框架就是规则，它确保了每个人的行为既不妨碍他人，也不违背社会与自然的原则。当我们说"有规矩才成方圆"，意思是合理的约束能给孩子创造一个既安全又自由的环境。在这样的环境中，孩子能学会自律，懂得责任。这样的自由，

第三篇　自我调整，属于妈妈的自我修行之旅

才是真正的、健康的自由。

星期天早上，杨芳买菜回来，见儿子小杰正坐在客厅的沙发上看电视，神情十分专注。

"小杰，你作业完成了吗？我们说好今天要去公园放风筝的。"杨芳尽量让自己的声音听起来温柔而充满期待。然而，回答她的只是一声含糊的"嗯"，随后便没了下文。

小杰的不自律，成了杨芳近期最大的心病。每天放学后，他总是先玩手机游戏，作业一拖再拖，直到夜深人静时才匆匆应付。早餐时，他也常常因为玩手机而磨蹭，导致上学经常迟到。

这天晚上，杨芳终于忍不住，走进房间，坐在小杰身

旁,认真地说:"小杰,妈妈知道手机里的世界很精彩,但我们的生活不能只有它。拖拉和沉迷于手机会让你错过很多重要的东西,比如和朋友玩耍的时光,还有你自己的成长。"

小杰头都没抬,含混地说:"行了,我知道了,您先出去吧,我再玩一会儿就开始写作业。"

杨芳见状,只好无奈地离开了小杰的房间。

亲子树洞

当然,在教导孩子自律时,妈妈要精准拿捏尺度。这要求妈妈深入了解孩子的个性与需求,找到那个既能有效管理又

第三篇　自我调整，属于妈妈的自我修行之旅

不失温情的平衡点。要懂得何时该严格，何时该温柔，以及如何在两者之间灵活切换。通过沟通、陪伴和适时的帮助，让孩子感受到爱与尊重，才能建立起亲密无间的亲子关系。另外，对孩子严格并非坏事，但关键在于"严而有爱，爱而有度"。溺爱会让孩子失去方向，而缺乏关爱的严格则可能让孩子心生畏惧或疏远。妈妈应当学会在严格与慈爱之间找到那个恰到好处的点，让孩子在感受到约束的同时，也能体会到来自家庭的温暖与支持。随着对孩子性格、习惯及节奏的深入了解，妈妈会更加清晰地认识到何时应给予他们自由，何时又需设定界限。在这个过程中，孩子将学会在自由与约束之间找到平衡，逐渐培养出自律的品质，以最自然、最舒适的状态成长。

自由与自律，对孩子们来说，就像是天平的两端，让人

困惑。孩子们往往误解自律为束缚，其实不然。自律，是那把钥匙，能解锁更多自由，让生活和学习更有序、更高效。那么，妈妈如何帮孩子找到这把钥匙呢？

首先，行动是关键。让孩子明白，自律不是压制欲望，而是把想要达成的目标变成行动的力量。比如，孩子喜欢画画，那就鼓励他设定每天画画的时间，这样既能享受乐趣，又学会了自我约束。家长要做的，就是成为榜样，展示自律带来的美好，让孩子感受到那份成就感。

其次，环境很重要。给孩子一个专注的空间，减少干扰，就像种花需要好的土壤。书桌整洁，远离零食和玩具，这样孩子学习起来更专心。还有一点要注意，孩子的精力是有限的。别逼得太紧，要让孩子有足够的休息和放松时间。自律不是一天练成的，要慢慢来。

孟楠发现女儿上小学后，自我意识显著增强，对家长的建议常提出质疑。孟楠发现女儿做事拖拉，就告诫她要自律，没想到女儿却说："什么自律，我看您就是想要干涉我的生活！"

孟楠没有急于反驳女儿的话，而是耐心地解释："自律不是束缚，而是通往自由的桥梁。就像爸爸妈妈每天按规律

第三篇 自我调整，属于妈妈的自我修行之旅

工作、做家务，你上学、完成作业，这些都是责任所在，高效完成它们，才能赢得更多的自由时间。"

女儿好奇地问："那这些时间会属于我吗？"

孟楠微笑着点头："是的，但自由也有边界，比如遵守规则、保证安全。在这个范围内，你可以自由安排，我和你爸绝不干涉。"

为了让女儿亲身体验自律的益处，孟楠全家开启了"自律生活模式"。每天清晨，她会早早起床，一边锻炼，一边给家人准备丰盛的早餐。傍晚，他们高效地完成家务后，共享户外时光，其乐融融。

孟楠还鼓励女儿将自律融入日常，如按时完成作业，这样全家就能有更多时间一起活动。她告诉女儿："自律，就是自我约束，让生活更有条理。你会发现，当一切井然有序

时，快乐与自由也会随之而来。"

通过这一系列实践，女儿逐渐理解了自律的真谛，不再将其视为负担。孟楠的耐心引导，不仅帮助女儿养成了自律的好习惯，更在母女间搭建了一座理解与信任的桥梁。

写给妈妈的话

　　妈妈，我想跟您说，自从我开始尝试自律，我的生活真的变得很不一样了呢！清晨，当第一缕阳光透过窗帘，我便自然而然地醒来，不再是被闹钟急促的铃声惊醒，那种从容不迫的感觉真是太棒了！放学后，我不再是那个拖延到深夜的"小夜猫"，而是先高效地完成作业，那份成就感让我整个人都充满了力量。接着，我会沉浸在画画和弹钢琴的世界里，这些爱好因为有了更多的时间和专注，都取得了显著的进步，让我倍感喜悦。更重要的是，我学会了如何合理安排时间，每一天都过得充实而有意义。妈妈，这一切的改变都离不开您的鼓励和支持，您是我成长路上的坚实后盾。我会继续坚持自律，让我的生活绽放出更加灿烂的光彩，不辜负您的期望和付出。

教育孩子要严而有度，
适度宽松才能更好地成长

孩子的心理健康离不开五大自由要素：观察世界的眼睛、倾听内心的耳朵、真实感受的心、自由幻想的翅膀以及情绪的自然流露。然而，不少妈妈倾向于以自己的视角和判断去限制孩子，这样不仅剥夺了他们自主思考与决策的空间，也限制了他们正常情绪的表达。

在妈妈的过度管制之下，孩子们仿佛被无形的枷锁束缚，内心逐渐筑起一道防御的高墙。他们开始怀疑自己的每一个举动，觉得自己处处不如人，自卑感油然而生，进而失去了尝试新事物的勇气，最终可能在社会的大舞台上感到孤立无援，形成社交上的畏惧心理。

许多孩子的心理问题，往往源于妈妈采取的"一言堂"教育方式。妈妈在教育过程中扮演了绝对主导的角色，倾向于严厉管教，认为温柔不足以达到教育的效果。尽管妈妈的

第三篇 自我调整，属于妈妈的自我修行之旅

初衷是好的，但这种做法却悄然间破坏了亲子间的和谐，让孩子感受不到家的温暖和安全，影响了他们身心的健康成长和个性的完整发展。

你都玩了五分钟了，快去学习！

亲子难题

从懂事起，小宇就表现出了与其他孩子不同的怯懦。

妈妈对小宇的要求极高，期望他在各方面都能出类拔萃。当小宇还在牙牙学语时，妈妈就开始教他认字，如果小宇学得慢了或者记不住，妈妈便会严厉斥责，那严肃的表情让小宇感到害怕。

到了该上幼儿园的年纪，小宇说什么都不愿意去。每次妈妈将他送到幼儿园门口，他都会紧紧抓住妈妈的衣角，大哭不止。在幼儿园里，小宇总是一个人默默地坐在角落里，

不愿意参与集体活动，老师怎么引导都无济于事。

上了小学后，小宇的情况愈发严重。在课堂上，他不敢主动回答问题，即使知道答案也不敢举手。和老师、同学交流时，他总是显得很紧张、不自然，甚至不敢直视对方的眼睛。所以，他几乎没有朋友，总是独来独往。

小宇的妈妈察觉到孩子的异常，于是带着小宇去看心理医生。医生在了解了小宇的成长经历后，指出正是妈妈过于严厉的教育方式，让小宇内心充满了恐惧和不安，导致他在与人交往和适应社会方面出现了严重的问题。

妈妈这才如梦初醒，懊悔不已。她意识到自己的严厉和粗暴，给孩子的心灵带来了难以磨灭的创伤。然而，想要弥补这一切，需要付出漫长而艰辛的努力。

妈妈的严厉不仅剥夺了小宇应有的快乐童年，更在他

第三篇 自我调整，属于妈妈的自我修行之旅

心中种下了恐惧与自卑的种子，导致小宇在社交与自我表达方面遭遇重重困难。作为妈妈，应当时刻反思自己的教育方式，尊重孩子的成长节奏，给予他们足够的鼓励与支持。温柔与理解，才是引导孩子健康成长、勇敢探索世界的正确方式。每个孩子都是独一无二的，让我们以更加开放和包容的心态，陪伴他们自信地迈出成长的每一步。

亲子树洞

妈妈对孩子严格是理所当然的，但关键在于这种严格要伴随着爱、方法和适度的界限，这才是真正负责任的"严格"。爱与严格并非对立，而是相辅相成的。

在教育孩子时，妈妈应把握好"度"，避免过度严苛导致孩子压力过大。孩子在成长过程中难免会犯错，关键在于如何引导。当孩子行为不当时，妈妈应就事论事，明确指出问题所在，而非借此攻击孩子的人格或自尊。孩子的自尊心如同易碎品，需要细心呵护，一旦受损，修复起来极为困难。

处理家庭关系时，尊重孩子是基础。在批评或惩罚时，妈妈应坚持"对事不对人"的原则，即针对具体行为而非孩子本身进行评价。这样做能保护孩子的羞耻感、荣誉感和进取心，避免他们因过度指责而失去前进的动力。总之，妈妈的爱应体现在既严格又充满理解与尊重的教育方式中，让孩

子在健康的环境中茁壮成长。

智慧妈妈

在亲子相处中，妈妈懂得适度放手，是助力孩子健康成长的秘诀。这里的"放手"并非放任不管，而是建立在深刻理解、无条件信任和深切尊重之上的智慧之举。

每位孩子都是独特的，他们以自己的步伐成长，有着专属的成长轨迹。妈妈应理解这一点，避免过分追求完美，而是鼓励孩子勇于尝试，即使犯错也是成长的一部分。当孩子遭遇挫折时，妈妈的鼓励与支持如同温暖的灯塔，照亮他们前行的道路，让他们有勇气再次出发。

第三篇　自我调整，属于妈妈的自我修行之旅

同时，妈妈要学会适时地"退一步"，让孩子在安全的环境中自由探索，满足他们的好奇心，激发他们学习的热情。适当地放手，能让孩子学会独立思考，增强自信心和自主能力。但放手不等于忽视，妈妈仍需作为后盾默默守护孩子，确保孩子在正确的道路上稳步前行。

在沟通时，妈妈应保持开放的心态，耐心倾听孩子的心声，无论是喜悦还是烦恼，都应给予正面的回应和关注，让孩子感受到家的温暖和支持。同时，鼓励孩子表达自己的想法，培养他们独立思考和解决问题的能力，让孩子在交流中成长。

此外，妈妈还需具备灵活性，随着孩子的成长不断调整教育策略。因为孩子的需求和期望会随着时间变化，妈妈要敏锐地捕捉到这些变化，并适时调整自己的教育方式，以更好地适应孩子的成长需求。

总之，适度放手是亲子关系的艺术精髓。它要求妈妈在关爱孩子的同时，给予他们足够的自由度和成长空间，让孩子在和谐、健康的家庭环境中成长。

乐乐的妈妈是一位智慧且有耐心的家长，她深知教育孩子要严而有度。

有一次,乐乐在客厅玩耍时不小心打碎了一个花瓶。妈妈听到声音赶来,看到满地的碎片,她先是深吸一口气让自己冷静下来。然后,她轻轻地拉着乐乐的手,温和又认真地说:"乐乐,花瓶碎了很可惜,妈妈知道你不是故意的,但在客厅这样奔跑玩耍是很危险的,下次要注意哟。"乐乐原本紧张的神情放松了下来,点了点头说:"妈妈,我知道错了。"

还有一次,乐乐考试没考好,心情很低落。妈妈看了试卷后,没有立刻发火,而是坐下来和乐乐一起分析错题。她对乐乐说:"这次考试没考好没关系,我们来看看是哪些知识点没掌握好,以后多练习就会进步的。"乐乐感受到了妈妈的理解和鼓励,重新燃起了学习的动力。

在乐乐和小伙伴闹矛盾时,妈妈会耐心地倾听他的讲

第三篇　自我调整，属于妈妈的自我修行之旅

述，然后指出他在处理问题时的不当之处，说："乐乐，朋友之间要互相包容和理解，这次的争吵你也有做得不对的地方，主动去和小伙伴道个歉，好吗？"乐乐听从了妈妈的建议，很快和小伙伴重归于好。

在妈妈正确的教育方式下，乐乐变得更加懂事、自信和勇敢。在学校里，乐乐积极参加各种活动，和同学们相处融洽；在家里，他也会主动帮忙做一些力所能及的家务。

写给妈妈的话

　　妈妈,虽然您对我很严厉,但我知道您是为了我好。您的严,不是冰冷的苛责,而是对原则的坚持与引导,让我在错误中学会自省,在失败中汲取力量。您的度,则是那份恰到好处的温柔与理解,让我即便在风雨中也能感受到家的温暖与力量。

　　您的教育方式如同春风化雨,润物无声。在我犯错时,您用宽容的眼神和温柔的话语,教会了我责任与担当;在我失意时,您以鼓励的拥抱和耐心的陪伴,激发了我前行的勇气与决心。您让我懂得,成长的路虽有坎坷,但只要心怀希望,勇于面对,就没有什么是不可能的。

　　感谢您,亲爱的妈妈,用严而有度的爱,为我撑起了一片天空。在未来的日子里,我将继续带着您的教诲与期望,勇往直前,努力成为让您骄傲的孩子。

第四篇

沟通理解，
属于亲子关系的修行之旅

　　沟通理解是亲子关系中不可或缺的一环，就像是一场修行之旅。妈妈和孩子之间，需要不断地交流和倾听，才能建立起深厚的感情并相互理解。妈妈要耐心地聆听孩子的想法和感受，尊重他们的个性和意愿。孩子也要学会表达自己的需求和困惑，同时也要理解妈妈的关心和期望。只有这样，才能维护好亲子关系，让家庭充满温暖和和谐。在这场修行之旅中，妈妈和孩子需要相互扶持，共同成长，一起创造美好的未来。

换个方式去沟通，别刚一开口就"喷火"

许多妈妈已认识到粗暴教育不可取，但有时仍难以控制情绪。孩子哭闹时，妈妈们常用"你再哭我就打你了"等语言来试图让孩子平静，以为只是说说而已。然而，语言暴力也是伤害，孩子会信以为真。不论何种形式的暴力，都会破坏与孩子的沟通。

调查显示，现在孩子与父母的交流日益减少，这让许多妈妈感到担忧。要改变这一现状，首先，应多陪伴孩子，让孩子从内心深处接纳你，愿意与你沟通。其次，对待孩子的错误，妈妈应以理服人，避免简单粗暴。最后，妈妈要了解孩子成长阶段的需求和想法，如带孩子接触新事物，创造交流话题。总之，多陪伴孩子，了解他们的内心，才能更好地与他们交流，从而增进亲子关系。

第四篇　沟通理解，属于亲子关系的修行之旅

 亲子难题

雷雷是个活泼的男孩儿，从小受人喜爱。在幼儿园，他因喜欢运动而结识了几个好朋友，他们在一起玩耍时总是充满欢声笑语。然而，即便是最亲密的朋友，也难免会有发生摩擦的时候。

一天，雷雷与小南因一件微不足道的小事发生了争执。两个小男孩儿都坚持己见，互不相让，情绪逐渐升温，最终竟演变成了一场小小的肢体冲突。小南的鼻子不慎受伤，雷雷的嘴角也挂了彩。老师见状，立即上前制止，并通知了双方家长。

当家长匆匆赶来时，两个孩子站在那里，满脸通红，显得有些尴尬。小南的妈妈怒不可遏，欲动手教训儿子，却

被雷雷的妈妈和老师及时劝阻。雷雷的妈妈并未立即责备儿子,而是先向小南和他妈妈表达了歉意,随后便带着雷雷离开了学校。

你这个孩子怎么这样,我今天非打你不可。

小南妈妈,你先冷静些,这件事雷雷也有错,咱们先冷静下来谈一谈。

回家后,雷雷的妈妈让他面壁思过,反思自己的行为。之后才问雷雷是否觉得委屈,雷雷摇了摇头。妈妈又问是谁先动的手,雷雷低下了头。当妈妈问及打架的原因时,雷雷说是因为玩闹的时候不小心发生了推搡而引发的。

妈妈告诉雷雷,朋友间闹矛盾是常有的事,但为了面子而打架不值得。她鼓励雷雷勇敢地面对错误,向朋友道歉并不丢人。经过一番思考,雷雷决定第二天向小南道歉。

第二天,雷雷和小南互相道歉,各自承认了自己的错误,两个人又和好如初了。

第四篇　沟通理解，属于亲子关系的修行之旅

 亲子树洞

妈妈与孩子的沟通就像是一场心灵的舞蹈，需要双方的默契与配合。换位思考，就是这场舞蹈中的关键步伐。想象一下，如果我们能站在孩子的角度，去感受他们的喜怒哀乐，去理解他们的所思所想，与孩子的交流是不是会变得更加顺畅、更加愉快呢？

很多时候，妈妈会用自己的生活经验去评判孩子，却忽略了他们内心的真实感受。但要知道，每个孩子的内心都有一个丰富多彩的世界，值得我们去探索和尊重。所以，当我们尝试换位思考，放下大人的架子，耐心地与孩子沟通时，我们会发现，原来孩子的内心世界如此精彩。

此外，换位思考不仅能让妈妈与孩子更好地理解彼此，还能在无形中培养孩子的情商，让他们也学会理解和尊重他人。所以，让我们一起尝试换位思考，与孩子共同跳好这场心灵的舞蹈吧！

智慧妈妈

在处理亲子关系时，妈妈们需要运用一些智慧来确保和孩子的沟通顺畅，关系和谐。

首先，面对孩子的错误，妈妈们要克制自己的怒气，深呼吸，先想想孩子为什么会犯错，以及如何避免再次发生。给孩子一个解释的机会，了解他们的想法和行为背后的原因，这样不仅能增进相互理解，还能适时进行教育引导。

其次，提前和孩子约定好犯错的后果，比如减少零食、少给零花钱等，让孩子有个明确的预期，这样他们在犯错时才会更愿意接受惩罚。然而，惩罚的方式也很重要，可以选择"暂时隔离"的方法，让孩子在安静的角落反思自己的行为，也让孩子在反思中认识到自己的错误。

再次，沟通的方式和态度也非常关键。妈妈们在和孩子说话时，应该保持真诚的态度，用平和的语气和表情来表达自己的意思。避免使用命令式的口吻，而是尝试用询问和尊重的方式与孩子交流。比如，想要孩子帮忙时，可以说"可以帮我

第四篇　沟通理解，属于亲子关系的修行之旅

做件事吗？谢谢！"这样的表达方式更容易让孩子接受。

最后，妈妈们要用清晰简单的方式去爱孩子，避免复杂的安排和命令。孩子的心灵是敏感的，他们需要的是直接而纯粹的爱。通过真诚的理解、相互尊重的沟通和简单的爱，妈妈们可以建立起和孩子之间更加和谐融洽的关系。记住，亲子关系的智慧在于理解和尊重。

故事时间

向阳妈妈和小凯妈妈一起带着孩子逛街。在电子产品店，向阳和小凯试玩了一款游戏机，都非常喜欢。向阳想要买，但妈妈温柔地提醒他，晚上要和爸爸一起做游戏，难道他

更喜欢游戏机而不是爸爸吗？向阳想了想，最后选择了爸爸。

然而，小凯却坚持要买游戏机，甚至还坐在地上大哭。小凯妈妈生气地拒绝，威胁说再哭就要打他。向阳妈妈走过来，轻声安慰小凯，并邀请他晚上去家里玩一个神秘的游戏，比游戏机还好玩。

小凯好奇地答应了，并立即停止了哭泣。

小凯妈妈对向阳妈妈的智慧佩服不已。向阳妈妈解释说，与孩子沟通需要换种方式，暴力不是解决问题的方法，只会让孩子与我们产生隔阂。小凯妈妈深受启发，决定以后也要改变和孩子的沟通方式。

写给妈妈的话

　　妈妈，我知道您有时候很生气，尤其是当我不听您的话或者没有达到您的期望时。但每次您一开口就大声斥责我，我会感到非常害怕和难过。

　　其实，我也想做个好孩子，让您为我骄傲。但有时候，我会犯错，会贪玩，会忘记做作业。这并不是我故意要惹您生气，而是因为我还是个孩子，还处在学习和成长的过程中。

　　妈妈，我希望您能换个方式和我沟通。不要刚一开口就"喷火"，不要让我感到恐惧和不安。您可以坐下来，和我平静地谈一谈，告诉我哪里做错了，为什么这样做不对以及我应该如何改正。

　　我也需要您的理解和鼓励。当我做得好时，希望您能给我一些赞扬和肯定，这会让我感到非常开心和有动力。当我犯错时，我也希望您能给我一些指导和建议，而不是一味地责骂和惩罚。

把孩子当朋友，
静下心来聆听孩子的需求

在家庭教育中，聆听孩子的内心想法非常重要。但有些妈妈常常只凭自己的想法来评价孩子，不顾孩子的感受，也不听孩子的解释。这样一来，孩子只能把不满藏在心底。时间一长，妈妈就很难理解孩子了，教育也会变得更难。不尊重孩子的发言权，会影响孩子的表达能力，还会让孩子感到自卑和变得反叛，让沟通变得更难。

倾听在人际交往中极为重要，对于妈妈来说，乐于倾听孩子的心声比单纯的说教更为关键。孩子在成长过程中，逐渐形成了自己的见解和喜好。要想让孩子感受到妈妈无条件的爱，就需要认真聆听他们的心声，让他们感到被理解和接纳。特别是青少年，他们在面临诸多压力时，情绪也会不稳定，妈妈的倾听和理解对于他们来说非常有益。

第四篇　沟通理解，属于亲子关系的修行之旅

 亲子难题

晓亮是个活泼好动的孩子，他总是充满好奇，喜欢和妈妈分享自己的发现和想法。然而，妈妈总是忙于工作，很少有时间去专心聆听晓亮的需求和心声。

一天，晓亮兴奋地跑回家，手里拿着一块奇特的石头，想要和妈妈分享他的新发现。他跑到妈妈身边，喊道："妈妈，您看我找到了什么！这是一块会发光的石头！"可是妈妈正忙着处理文件，只是匆匆看了一眼，敷衍地说："嗯，很好看，晓亮真厉害。"然后继续埋头工作。

晓亮感到有些失望，但他还是不死心，试图拉起妈妈的手，让她仔细看看这块石头。然而，妈妈却不耐烦地别过头去说："晓亮，妈妈现在很忙，你自己去玩吧。"晓亮只好

默默地离开。

渐渐地,晓亮变得越来越沉默,不再像以前那样喜欢和妈妈分享自己的心事。妈妈也发现她和晓亮之间的关系变得越来越紧张,但她却不知道原因。

直到有一天,妈妈无意间听到晓亮和朋友的对话。晓亮说:"我妈妈从来不听我说话,她总是忙她的工作。"妈妈这才恍然大悟,原来自己一直忽略了孩子的需求,没有给予他足够的关注和倾听。

亲子树洞

每个年龄段的人都有自己的小烦恼,小孩子也不例外。他们有时会感到困惑,也会遇到小难题。你知道吗?当大人

第四篇 沟通理解，属于亲子关系的修行之旅

们心里有事时，会找好友倾诉，这样心情就会好很多。其实，小孩子也一样，他们也希望有人能听听他们的心声。

但是很多妈妈可能并没有意识到这一点。有时孩子话还没说完，就被打断了，或者妈妈直接就给孩子下了结论，没认真去听孩子是怎么想的。这样一来，孩子可能会觉得不被尊重，甚至觉得爸妈不爱他们。久而久之，可能会影响孩子的自信心，让他们变得自卑。

所以，妈妈们，当孩子想跟你们说些什么时，尽量静下心来倾听。你们的倾听，对于孩子来说是一种陪伴，是爱的表现。当孩子和你们分享快乐时，与他们共鸣；当他们紧张或不安时，你们的倾听能让他们感到被理解，心情也会放松下来。

在处理亲子关系时，倾听是一项至关重要的技能。妈妈

们,当孩子与你们交谈时,请务必用心聆听,而不仅仅是听听而已。那么,如何才能真正做到"用心听"呢?

首先,当孩子与你交流时,请尽量放下手中的事,全心全意地与他们沟通。这样做不仅能让孩子感受到你的关爱,还能传递出你对他们的尊重。与孩子交流时,请看着他们的眼睛,特别是当小孩子说话时,蹲下身子,让视线与孩子平齐,这样更能展现出你的专注和真诚。

其次,倾听不仅是听声音,更需要理解孩子的情感和需求。在倾听的过程中,要以开放的心态去理解孩子的话语,同时,给予孩子积极的反馈,如点头、微笑或使用简单的肯定词语,如"哦""嗯"等,以表达你在认真倾听并理解他们的感受。

为了更好地倾听孩子的心声,妈妈们可以掌握以下六种方法:一是展现你正在倾听的姿态,停下手中的事情,转向孩子,保持目光接触,全神贯注地倾听;二是在孩子表达观点后,复述你所听到的内容,并分享你的想法,以确保你准确地理解了孩子的意图;三是鼓励孩子积极参与谈话,与他们进行平等的沟通和交流,让他们分享自己的想法和感受;四是无论孩子的行为如何,都要尊重并尝试理解他们的感受;五是避免随意打断孩子,给予他们充分的时间来完整地表达自己的想法;六是注意自己的倾听方式,不要让孩子感到尴尬或难堪。

总之,倾听是建立良好亲子关系的基石。通过掌握这些

第四篇 沟通理解，属于亲子关系的修行之旅

倾听的方法和技巧，妈妈们能够更深入地了解孩子，从而促进亲子之间的顺畅沟通。

故事时间

刘梅每天忙于家务和工作，很少有时间陪儿子聊天儿。儿子每天放学后，总是默默地看电视，从不对妈妈提及学校的任何事情。每当妈妈问起，他总是简单地回答"没干啥"。

刘梅意识到自己与儿子的沟通出了问题。她回想起每次儿子想和她说话时，她总是被手里的事情所打扰，没有给予儿子足够的关注和倾听。于是，她决定作出改变。

一天，刘梅接儿子放学，他们高兴地一起回家，儿子突然提起了学校的作业。刘梅停下手中的活儿，专注地听儿子

说话，尽管她发现儿子的做题速度有点儿慢，但她没有像以前那样直接批评，而是选择耐心地听完。

儿子感受到了妈妈的改变，开始乐于分享学校的事情。刘梅也发现，当她真正倾听儿子的心声时，他们的关系变得更加亲密。无论她在做什么，只要儿子想说话，她都会停下来，给予儿子全部的关注。

渐渐地，儿子越来越喜欢跟妈妈说话，他们之间的关系也越来越亲密。儿子上学前会告诉妈妈，他想天天见到她，睡觉前也会找妈妈聊天儿。学校里的点点滴滴，他都愿意向妈妈倾诉。

写给妈妈的话

妈妈,您知道吗?我有时候真的好希望您能静下心来,聆听我说话。我想和您分享我在学校的点点滴滴,告诉您我今天学到了什么新知识,或者和哪个小伙伴玩得特别开心。

可是,每次看到您忙碌的样子,我又不忍心打扰。我知道您很辛苦,既要工作还要照顾家庭。但是,妈妈,我也是您生活的一部分啊。我渴望您能像朋友一样,停下来听听我的心里话。

妈妈,当您真正聆听我说话的时候,我会觉得被尊重、被理解。那种感觉真的很温暖,让我觉得自己在这个家里是很重要的。

所以,妈妈,当您忙碌的时候,能不能也抽出一点儿时间,坐下来听我讲讲我的心里话呢?哪怕只有几分钟,我也会觉得很满足。

妈妈,我是您的孩子,也是您的朋友。我希望我们的关系能够更加亲密,更加平等。这一切,都从您静下心来倾听我说话开始。

和孩子一起保持积极乐观的心态，生活其实没什么大不了

妈妈的想法和态度对孩子的成长影响深远。如果妈妈总觉得孩子发育慢、没才能、没长处，那么孩子可能会按照这种负面评价发展。孩子之所以缺乏成就感，往往源于妈妈的教育方式和态度。简单来说，妈妈认为孩子行，孩子就可能真的行；妈妈觉得孩子不行，孩子可能就真的不行。因此，妈妈应给予孩子正面的鼓励和支持，相信他们的潜力和才能，孩子才能更自信、更积极地成长。

成功不代表幸福和快乐，让孩子感到快乐才是家庭教育的最高目标。妈妈要让孩子不断地感受到幸福和快乐，因为快乐是一生的财富，有助于孩子轻松应对未来的挑战和理智地解决问题。孩子的心灵健康与身体健康同样重要，乐观开朗的妈妈有助于孩子保持幸福阳光的心态，这比优异的成绩更可贵。

第四篇　沟通理解，属于亲子关系的修行之旅

亲子难题

林梅总是沉浸在各种忧虑之中。她每天都在担心工作上的种种问题，担心生活中的琐事，甚至过分地担心女儿小月的未来。这些担忧像无形的枷锁，束缚着她的心灵。更糟糕的是，她总是不自觉地在小月面前抱怨着生活的种种不如意，流露出深深的消极情绪。

小月是个聪明而敏感的孩子，她敏锐地感受到了妈妈的负面情绪。她开始模仿妈妈的消极态度，对生活中的一切都提不起兴趣。她总是担心自己做不好，害怕失败，这种心态逐渐侵蚀着她的自信和勇气。在学校里，她也变得胆小怯懦，不敢尝试新事物，害怕被同学嘲笑。渐渐地她将自己封闭起来，与外界隔绝。

然而，有一天，林梅无意间听到小月对朋友说："我永

远都做不好任何事,就像我妈妈一样。"这句话像一把尖刀深深地刺进了林梅的心里。她突然意识到,自己的消极态度不仅影响了自己,更在潜移默化中影响了小月。这种消极的影响,可能会对小月的未来造成无法挽回的后果。

林梅开始反思自己的行为,她决定改变自己的态度,为了小月,也为了自己。她深知,作为妈妈,她的责任不仅是给予小月物质上的满足,更重要的是要引导她保持积极、健康的心态去面对生活的挑战。

在我们的人生旅程中,积极乐观的心态就像一盏明灯,照亮我们前行的道路。妈妈们,你们知道吗?你们的笑容和

第四篇 沟通理解，属于亲子关系的修行之旅

积极态度，是孩子们最宝贵的财富。你们的一言一行，都在潜移默化地影响着孩子。当你们以乐观的心态面对生活时，孩子们也将学会笑对人生，勇往直前。

想想那些阳光、自信的孩子们，他们的背后往往有一位充满爱意的妈妈，用赞美和鼓励浇灌着孩子的成长。妈妈的爱，如同温暖的阳光，让孩子们茁壮成长。

所以，亲爱的妈妈们，保持你们的乐观和热情吧！用你们的快乐感染孩子，让他们明白，生活的美好不仅在于追求，更在于享受过程中的点滴快乐。做一个坚强、勇敢、乐观的妈妈，你们的孩子将会因你们而更加幸福快乐。

妈妈是孩子成长道路上的指路明灯，如何处理好与孩

子的关系呢?

首先,尝试去培养孩子对快乐的感知。在生活的点滴中,问问他们是否感到快乐,分享你们的快乐感受。只有这样,孩子们才会懂得快乐是可以寻找和分享的。

其次,别忘了让孩子们享受那份"不受限制"的快乐。让他们自由地探索世界,无论是玩泥巴还是打雪仗,都是他们感知世界的独特方式,也是他们快乐的源泉。

再次,帮助孩子认识自我,培养他们的自尊心和自信心。不要过于苛求完美,要接纳他们的不足,给予他们足够的支持和鼓励。

然后,教会孩子如何调整心态,教他们面对挫折时如何保持乐观,这是他们未来生活中必不可少的技能。让他们学会对事情拿得起、放得下,这样他们的人生才会更加轻松快乐。

最后,加深与孩子的情感联系,鼓励他们与同龄人交往,培养他们的社交能力。一个和睦的家庭环境,是他们快乐成长的重要保障。

妈妈们,亲子关系的智慧就在于这些日常的点滴之中。让我们共同努力,为孩子们营造一个快乐、健康的成长环境吧!

最近,楠楠妈妈总是眉头紧锁,忧心忡忡。由于工厂效

第四篇　沟通理解，属于亲子关系的修行之旅

益最近不好，她担心自己会失业，家里的经济状况会受到影响。这种担忧也影响了她和八岁女儿楠楠的日常生活。

楠楠是个活泼可爱的女孩子，总是笑眯眯的，对一切都充满好奇和热情。最近，她发现妈妈不怎么笑了，这让她感到很困惑。

一天，楠楠拉着妈妈的手，带她到花园里看自己种的小花。她指着那些盛开的花朵说："妈妈，您看，这些花不管天气怎么样，都会努力开放，它们多开心哪！"楠楠妈妈看着女儿纯真的脸庞，心里涌起一股暖流。

楠楠接着说："妈妈，您是不是有什么不开心的事情啊？您可以告诉我，我们一起想办法。"楠楠妈妈被女儿的话打动了，她决定放下心中的包袱，和女儿一起面对生活的挑战。

从那以后,楠楠妈妈开始尝试和女儿一起以积极乐观的态度面对生活。她们一起在花园里种花、浇水,享受劳动的乐趣。每当遇到困难时,楠楠妈妈都会想起楠楠的话,勇敢地迎接挑战。

渐渐地,楠楠妈妈发现,自己的担忧并没有那么可怕,工厂的情况开始好转,家里的经济状况也有了改善。最重要的是,她和女儿的关系变得更加亲密,家里每天都充满欢声笑语。

写给妈妈的话

妈妈,我最近觉得您有些不太开心,是不是有什么心事呀?其实,我注意到了您的情绪变化,也感受到了您的不安。作为您的孩子,我真心希望您能更快乐一些。

我知道,生活有时会给我们带来一些挑战,也许有些事情会让您觉得压力很大。但是妈妈,您知道吗?每当我看到您忧心忡忡的样子,我心里也会很难过。我希望我的妈妈每天都能开开心心的,因为您的笑容对于我来说是最温暖的阳光。

妈妈,生活其实没什么大不了。有时候,我们会遇到一些不如意的事情,但是只要我们保持积极乐观的态度,就一定能够找到解决问题的方法。我相信,只要我们肯努力,就一定能够克服困难,让生活变得更加美好。

我也会一直陪在您身边,支持您、鼓励您。每当我看到您勇敢面对困难、积极寻求解决办法时,我就会觉得我的妈妈是最棒的!我也会向您学习,变得更加坚强和乐观。

学会适度放手，给孩子一个自由成长的空间

教育家陶行知说，孩子成长需要宽松、开放和积极的环境。孩子的成长需要过程和空间，妈妈要用期望和耐心等待孩子成长，让他们按照自己的方式去成长和发展，不要急着逼迫他们。孩子的发展要顺着他们的天性，别扼杀了他们的创造力和探索未知的欲望。

孩子的成长不仅需要物质上的满足，更需要妈妈的爱。但爱太多可能会变成溺爱，反而会影响孩子成长。就像花儿需要水，但浇水太多就会淹死它。所以，妈妈要适度地给予爱，有时要藏起一些爱，让孩子自己去尝试和体验。放手让孩子行动，能激发他们的创造力。虽然妈妈可能不愿意克制自己的爱，但为了孩子的未来，也要收敛一些，让孩子学会独立生活。藏起爱并不是减少爱，而是将爱融入孩子的成长中。

第四篇　沟通理解，属于亲子关系的修行之旅

 亲子难题

小浩是个聪明活泼的男孩子，总是对世界充满好奇和探索的欲望。然而，他的妈妈却是一个保护欲非常强的人，总是担心小浩会受到伤害。

一直以来，妈妈就对小浩呵护备至，几乎不让他离开自己的视线。每当小浩想要出去玩时，妈妈总是担心他会摔倒、受伤或者被坏人拐走。因此，她常常紧紧地牵着小浩的手，不肯放松。

随着时间的推移，小浩渐渐长大了，他开始渴望更多的自由和探索空间。他想要和朋友们一起去爬山、去河边玩耍，或者独自去图书馆看书。然而，每次他提出这些想法时，妈妈总是以各种理由阻止他，担心他会遇到危险。

对此,小浩感到很沮丧,他觉得自己像被囚禁在笼子里的小鸟,无法自由地飞翔。他开始渐渐失去了往日的活力和好奇心,变得越来越沉默和消极。

有一天,学校组织了一次户外探险活动,小浩特别想参加。他兴奋地跑回家告诉妈妈,希望她能同意自己去。然而,妈妈一听是户外活动,立刻紧张起来,担心小浩会受伤。她坚决地拒绝了小浩的请求,让他待在家里学习。

小浩失望极了,他感到自己的梦想被妈妈亲手扼杀。那天晚上,他独自坐在窗前,看着窗外的星空,心中充满了无尽的遐想。

第四篇　沟通理解，属于亲子关系的修行之旅

 亲子树洞

在妈妈眼里，孩子就像是心中的宝贝，总是想尽办法呵护他们，希望他们快乐成长。殊不知，真正的爱不仅是保护和宠爱，更是适时地放手。

想象一下，生活就像一个大舞台，孩子们就是这个舞台上的小主角。而妈妈更像是幕后的导演，要给予他们指导和鼓励，而不是抢走他们的戏份。有时候，要让孩子们自由发挥，从小事做起，比如选择穿什么、怎么安排自己的时间，这样他们才能学会独立、变得自信。

当然，放手不是放任。当孩子们犯错时，我们要引导他们承担责任，从错误中学习。这样一来，他们不仅能认识到自己的错误，还能培养出责任感和自律性。

所以,亲爱的妈妈们,你们要学会适时放手,用爱和智慧陪伴孩子们成长。相信他们一定会成为你们的骄傲,成为社会的未来之星。

在孩子的成长过程中,妈妈的角色至关重要。但想要孩子更有出息,就不能过度保护,而是要学会适时放手。这其中的智慧,是每位妈妈的必修课。

首先,别阻止孩子探索世界。孩子们天生好奇,他们摸摸这儿,碰碰那儿,其实是在用自己的方式认识世界。在保证安全的前提下,放手让他们去探索,这样孩子才能更聪明、更独立。

其次,不要总是掐算孩子的时间。让孩子学会自己管理时间,这样他们才能更自律、更有效率。

再次,不要总是替孩子做事。很多妈妈怕孩子做不好,事事都亲力亲为。其实,让孩子自己动手,不仅能培养他们的动手能力,还能增强他们的自信心。所以,妈妈要学会放手,让孩子去尝试、去成长。

最后,妈妈的性格也会影响孩子。所以,妈妈要学会控制自己的情绪,多站在孩子的角度思考问题。别让自己的控制欲,影响了孩子的成长。

第四篇　沟通理解，属于亲子关系的修行之旅

故事时间

张娜有个聪明活泼的女儿名叫悦悦。悦悦自小就受到妈妈的百般呵护，无论是学习还是生活，张娜总是事无巨细地为她安排好一切。

然而，随着悦悦逐渐长大，她开始渴望有更多的自主权和独立空间。她想要自己选择穿什么衣服，安排自己的课余时间，甚至决定自己的房间如何布置。可是，张娜总是担心悦悦做不好这些事情，所以一直都亲力亲为。

有一天，悦悦的好朋友邀请她去参加一个手工DIY活动，悦悦非常兴奋，想要自己制作一个小包包。可是，张娜担心悦悦会受伤，或者做不出好看的包包，于是想要替她完

成。悦悦感到很沮丧,她觉得妈妈总是不相信自己。

就在这时,张娜的一个朋友来访,看到母女俩陷入僵持,她给张娜讲了一个故事。故事里,一个过度保护孩子的母亲,最终让孩子失去了独立生活的能力。听完故事后,张娜深受触动,她意识到自己的过度保护可能会害了悦悦。

于是,张娜决定放手让悦悦去尝试。她陪悦悦一起参加了手工DIY活动,但没有插手悦悦的制作。虽然悦悦做的包包并不是特别完美,但她却非常开心,因为这是她自己的劳动成果。

从那以后,张娜开始学会适度放手。她让悦悦自己选择衣服,自己安排课余时间,甚至允许她自己布置房间。自那以后,悦悦变得越来越独立,也越来越自信。她感谢妈妈的改变,让她有机会成长为一个独立自主的人。

写给妈妈的话

妈妈，我真的好希望有一个可以自由成长的空间。我知道您总是很担心我，想要为我安排好生活中的一切。可是妈妈，您有没有想过，有时候我也好想去探索、去尝试一些新事物呢？

妈妈，您能不能适度地放手，给我一个自由成长的机会呢？我想自己选择我喜欢的兴趣班，而不是被您安排去参加那些我并不感兴趣的课程。我也想自己决定怎么分配我的时间，也许我会犯错，也许我会浪费一些时间，但这些都是我成长的过程，是我学习如何管理自己和承担责任的机会。

妈妈，我并不想完全摆脱您的引导，我只是希望在您的陪伴和指导下，能有更多的自由和选择权。我相信，这样适度的自由会让我变得更加独立、更加自信。

每个孩子都是独一无二的，妈妈，我也有自己的梦想和追求。您能不能相信我一次，给我一个自由成长的空间呢？让我学会独立，学会选择，学会成长。只有这样，我才能更好地面对未来的挑战，努力成为一个更加优秀和独立的人！

及时疏解孩子的情绪，守护孩子内心的健康

情绪是自然的感受，但孩子通常只会说开心或不开心。为了教孩子更好地认识情绪，妈妈可以拓宽广度，多聊一些情绪话题，具体描述不同情绪；要加强深度，通过绘本或现实事件深入探讨理解情绪。这样一来，孩子就能更细致地分辨和表达自己的情绪了。

当孩子有情绪问题时，很多妈妈也会跟着紧张，这样反而让孩子的情绪更糟。其实，妈妈应该保持冷静，设身处地地为孩子着想，接纳他们的情绪。如果妈妈能理解并接受孩子的情绪，孩子的情绪会很快平复。相反，如果妈妈不接受，甚至用负面言语刺激孩子，孩子的情绪会更容易失控。所以，作为妈妈，要学会平复孩子的情绪，这样才能更好地与孩子进行沟通，从而创造一个快乐的家庭氛围，让孩子健康成长。

第四篇　沟通理解，属于亲子关系的修行之旅

亲子难题

星期六早上，小海兴冲冲地跑到客厅，满怀期待地说："爸爸妈妈，这个星期天我想去游乐园玩！"小海的妈妈放下手中的活儿，温柔地说："小海，这个星期天我们要去外婆家，下次再去游乐园好吗？"

小海的脸上立刻乌云密布，他跺着脚，嘟囔着："不！我就要去游乐园！"爸爸则板着脸孔插话道："小海，不能总是由着你的性子来。这次我们要去外婆家，不能去游乐园。"

听到爸爸的话，小海的脸涨得通红，他突然转身冲向自己的房间，砰的一声关上门。妈妈和爸爸面面相觑，赶紧跑到小海房间门口。只见小海拿起桌子上的书摔在地上，根本没有停下来的意思。

"小海，你这是干什么！"爸爸怒吼道，上前试图制

止他。但小海像是失去了理智，完全不听劝告。爸爸忍无可忍，上前给了小海一巴掌。小海哭得更加伤心了，他趴在床上放声大哭，任凭妈妈怎么安慰都无济于事。

妈妈心疼地抚摸着小海的头，轻声说："小海，我们知道你很想去游乐园，但这次真的不行。你为什么不能理解我们的决定呢？"小海只是哭，一句话也不说。

妈妈叹了口气，她意识到这不仅仅是去游乐园的问题了。小海产生如此强烈的情绪反应，让她开始思考：在孩子成长的过程中，自己是否足够关注对他的情绪教育？该如何教会他更好地管理自己的情绪，而不是用愤怒和暴力来表达不满呢？

第四篇　沟通理解，属于亲子关系的修行之旅

当我们感到不开心时，说出来可能会好很多。就像古代的人们，遭遇不幸时会写诗来宣泄情感。对于孩子来说，当他们生气或愤怒时，我们应该引导他们用语言来表达，而不是让他们隐藏或压抑情绪。

对于小孩子而言，他们可能不知道怎么表达情绪，我们可以通过画画、玩游戏等方式来帮助他们发泄情绪。情绪是自然的，每种情绪都有它的意义。我们应该从小就教孩子认识、接受和表达情绪，这样他们才能更好地管理情绪，成为更阳光、更自信的孩子。

智慧妈妈

孩子发脾气，是妈妈们最头疼的问题。每当孩子情绪激动时，沟通似乎就变得难上加难。其实，愤怒往往是孩子应对情感或身体困扰的一种方式。这时候，妈妈的角色就显得尤为重要，我们需要引导孩子，帮助他们学会管控自己的愤怒。

首先，当孩子怒火中烧时，我们要做的是静下心来倾听，尝试理解他们愤怒背后的原因，而不是被他们的情绪所左右。记住，以怒制怒绝不是好办法，那样只会让孩子的情绪更加失控。我们自己要先稳住情绪，用平和的语气回应孩子。

其次，跟孩子一起坐下来，制订一个"生气控制计划"吧！可以让孩子听一段轻松的音乐、去打一场篮球，或者洗个澡放松一下。让孩子把这些方法记录下来，放在显眼的地方，随时提醒自己。当他们尝试使用这些方法时，别忘了给予他们鼓励和支持哟！

最后，建立与孩子的信任关系至关重要。当孩子泪眼汪汪时，我们要试着站在他们的立场上，感受他们的感受。让孩子知道，无论何时何地，妈妈都是他们最坚实的后盾。

如果孩子已经情绪失控怎么办呢？这时候，我们要果断制止他们的行为，并帮助他们冷静下来。等孩子心情平复

第四篇 沟通理解,属于亲子关系的修行之旅

后,再与他们进行深入的沟通。让他们明白哪些行为是不被接受的,并一起探讨如何避免类似情况再次发生。

  暑假到了,翔翔和妈妈一起去农村奶奶家玩。翔翔一到奶奶家就和邻居家的小朋友们玩得热火朝天。突然,他慌张地跑到妈妈身边,脸色发白地说:"妈妈,那边有只可怕的大虫子!"

  妈妈看了一眼,不以为意地说:"翔翔,你是个男孩子,怎么能怕虫子呢?在农村,这种小虫子多得是。"翔翔听了眼眶一红,突然大哭起来:"可是它真的很可怕呀!"

  妈妈被他哭得有些手足无措,这时,爸爸走了过来,轻声对翔翔说:"翔翔,带爸爸去看看那只可怕的虫子好

当妈是一场邂逅与修行

吗？"翔翔点点头，拉着爸爸的手走过去。

看到虫子，爸爸故意做出一副害怕的样子，然后说："嗯，这虫子长得确实有点儿可怕，不过，它们长大后，就会变成好看的蝴蝶。而且，虫子可以分解有机物质、促进植物生长，如果自然界里没有了虫子，说不定很多植物都会长得十分缓慢。"翔翔听到爸爸的话，觉得虫子好像也没有那么可怕了，于是破涕为笑，又开心地跑去和小朋友们玩了。

妈妈好奇地问爸爸："你是怎么做到的？"爸爸笑答："其实很简单，首先要接纳孩子的情绪，不要否定他的感受。然后再和他一起面对和解决问题。"妈妈听后，对爸爸竖起了大拇指："你真是个懂得如何与孩子相处的好爸爸！"爸爸笑着说："孩子大了，我也得学习如何更好地与他沟通啊！"

写给妈妈的话

　　妈妈，我想对您说，有时候我心里真的好难受。学校里的事情、学习的压力，还有与同学们的相处，这些都让我感到很困扰。

　　当我情绪低落的时候，我真的好希望您能在我身边，听我诉说心事，给我一些安慰和鼓励。我知道您很忙，但是您的陪伴对于我来说真的很重要。有时候，您的一句温暖的话语、一个轻轻的拥抱，就能让我感到无比安心和充满力量。

　　妈妈，我也需要一些自由的空间和时间，去探索自己的兴趣和爱好。我知道您担心我会走错路，但是请相信我，我已经长大了，有了自己的判断和选择能力。我会对自己的行为负责，也会为了自己的梦想而努力。

　　我的内心也需要被理解和尊重。当我表达自己的想法和感受时，希望您能耐心倾听，不要急于给出建议或批评。有时候，我只是需要一个倾诉的对象，一个能理解我的人。

　　妈妈，请守护我的内心世界，让我在成长的道路上更加坚强和自信。您的爱和支持是我前进的动力，也是我面对困难时最坚实的后盾。

懂得以身作则，
帮助孩子培养人生责任感

成为一名合格且出类拔萃的妈妈，是一项不小的挑战。摒弃陈旧的家长式教育，建立一个和谐的家庭环境，需要妈妈与孩子携手并进，共同努力。妈妈的教育素养与思维高度，直接关系到家庭教育的质量。正因如此，妈妈肩负着重大的责任，唯有不断求知进取，更新自己的思维方式，才能更深入地理解并拥抱孩子。

生活中，人们常常难以正视自己的错误，总会找理由为自己开脱，这就是"自我宽恕定律"。我们容易发现别人的问题，却往往忽视自己的缺点。比如，我们不喜欢被人私下议论，但自己却爱在背后说人。若一个人对自己的错误都不愿承担，更难以对他人负责，这样的人难以得到社会和他人的认可。所以，当孩子犯错时，我们不能放任不管，而是要教导他们学会承担自己的错误，培养他们的责任感，这样才

第四篇 沟通理解，属于亲子关系的修行之旅

能更好地融入社会。

 亲子难题

芳芳是个性格开朗但责任心不强的人，她总是把自己的需求放在第一位。

小强是芳芳的独生子，从小就在妈妈的放任自流中成长。芳芳很少关心小强的学习，也几乎不参与他的生活琐事。每当小强遇到问题或者犯了错误时，芳芳总是轻描淡写地说："你自己处理吧，妈妈现在很忙。"

随着时间的推移，小强也逐渐习惯了这种缺乏指导与关注的生活。他在学校里成绩平平，对待朋友关系也显得漠不关心。每当需要承担责任时，他总是选择逃避，因为他从未学会如何面对和解决问题。

当妈是一场邂逅与修行

一天,小强因为疏忽大意,把学校的实验器材弄坏了。老师要求他承担责任,小强却习惯性地推卸责任,声称是其他同学弄坏的。

渐渐地,小强因为这种缺乏责任感的态度,在同学和老师眼中的信誉越来越低。他开始感到孤独,因为他发现没有人愿意与一个不负责任的人交朋友。

直到有一天,小强因为逃避责任失去了一个重要的机会,他才意识到问题的严重性。他回到家,泪眼婆娑地问妈妈:"妈妈,为什么我总是害怕承担责任?为什么我总是觉得自己无法面对问题?"

芳芳看着儿子,心中涌起一股莫名的愧疚。她这才意识到,正是因为自己一直以来缺乏责任感,才导致了小强的这种性格缺陷。

第四篇　沟通理解，属于亲子关系的修行之旅

亲子树洞

作为妈妈，要明白承认错误并不是一件丢脸的事。当我们坦然面对自己的错误，勇敢承认并承担后果时，这非但不会让我们尴尬，反而能给孩子树立一个好榜样。在传统观念里，父母总是对的，但现代教育告诉我们，孩子和父母是平等的。我们应该尊重孩子，打开心扉，平等地对待他们。每个人都会犯错，关键在于我们如何面对。勇敢承认错误、承担后果，我们会得到孩子的尊重和认可。同时，这也是教育孩子勇于承担责任的最好方式。让孩子学会说"对不起"，其实是教他们勇于面对自己的错误。一个逃避责任的人，永远无法认识到自己的价值和地位，也会失去前进的动力。

所以，妈妈要给孩子树立一个好榜样。家庭是孩子责任

感成长的土壤，我们的态度和教育方法至关重要。让我们一起努力，培养出有责任感和勇于承担的孩子吧！

在处理亲子关系时，妈妈需要运用一些智慧来培养孩子的责任感。这不仅有助于孩子的个人成长，还能为他们在社会中立足奠定坚实的基础。以下是一些建议，能够帮助妈妈们更加智慧地引导孩子：

首先，教育孩子独立自主是关键。妈妈们应该鼓励孩子自己动手，从穿鞋、穿衣到日常琐事，都让他们尝试独立完成。这样不仅能培养孩子的自理能力，还能让他们体会到独立完成任务的满足感，从而逐渐树立责任感。

其次，当孩子犯错或闯祸时，妈妈要引导他们勇敢承担责任。让孩子明白，只要是自己的独立行为造成的结果，就应该敢作敢当，不逃避、不推诿。只有这样，孩子才能学会对自己的行为负责，从而形成强烈的责任感。

最后，妈妈要鼓励孩子做事要有始有终。针对孩子好奇心强、随意性大的特点，妈妈要适时给予指导和监督，确保孩子能够持之以恒地完成任务。这样一来，孩子不仅能养成认真负责的好习惯，还能在完成任务的过程中体会到成就感，进一步增强责任感。

第四篇　沟通理解，属于亲子关系的修行之旅

 故事时间

在一个狂风呼啸的下午，田田坐在书桌前专心地写作业。猛烈的风，一次次吹开他的房门，作业本也被风吹得"哗哗"作响。田田不得不反复起身去关门，但每次关好后不久，大风又会顽强地将门吹开。

这时，邻居来找田田的妈妈聊天儿，她们俩就站在门外开始闲聊。恰巧，门又被大风吹开了。田田急忙跑过去，使劲儿把门关上。突然，门外传来一声惨叫。

田田赶紧打开门，惊恐地发现妈妈五官扭曲，显得非常

痛苦。原来,妈妈刚才把手放在了门框上,田田突然关门,差点儿把妈妈的手指夹断。田田心中一紧,以为这次肯定免不了被妈妈严厉地责骂甚至体罚。

然而,妈妈的巴掌并没有落下来。田田感觉到一阵掌风轻轻拂过脸颊。事后,妈妈虽然手指受伤,但她平静地对田田说:"当时我真的非常生气和痛苦,原本想给你一记耳光。但后来一想,是我自己不小心把手放在了门缝里,错的是我,我为什么要惩罚你呢?"

田田的妈妈用她的行动和智慧给田田上了宝贵的一课:那就是要勇于承担自己的责任,敢于面对自己的错误,并说一声"对不起"。这件事情深深地印在了田田的脑海里,成为他成长过程中一个重要的转折点。从那以后,田田学会了在面对问题时,先反思自己,并勇于承担责任。

写给妈妈的话

　　妈妈，您总是以身作则，用您的行动告诉我什么是责任。每当我看到您努力工作，悉心照顾家庭，甚至不惜牺牲自己的休息时间，只想给我们更好的生活时，我深深地感受到了您对人生的责任感。

　　您的坚持和付出，让我明白了，每个人都有自己应该承担的责任。您常说，责任不仅是一种义务，是一种态度，更是对自己、对家人、对社会的尊重和关爱。您的这些话深深地烙印在我的心里。

　　妈妈，看着您，我渐渐懂得，成长的过程就是学会承担责任的过程。我也想像您一样，用自己的行动去保护家人，去关爱他人，去为社会贡献一份力量。您的一言一行，都是我最好的教科书。

　　妈妈，谢谢您，您用您的责任感和爱心，为我树立了一个最好的榜样。我会努力学习，努力成长，去承担起我应该承担的责任。

妈妈与孩子的沟通话术

日常问候："早上好,宝贝!昨晚睡得好吗?"

表达爱意："妈妈好想你,给你一个温暖的拥抱。"

鼓励尝试新事物："想不想试试做蛋糕?我们可以一起动手。"

询问学校生活："今天在学校有什么有趣的事情发生吗?"

肯定成绩："你的数学作业做得很棒,解题思路很清晰。"

设定日常习惯："记得每天刷牙两次,保持牙齿健康哟。"

鼓励分享感受："如果有什么不开心的事可以告诉妈妈,我们一起面对。"

提醒时间管理："我们还有一个小时就要出门了,记得整理好你的书包。"

肯定努力："看到你为了比赛这么努力地练习,我真的很感动。"

引导解决问题："玩具车坏了怎么办?我们一起想想怎么修好它。"

表达信任："我相信你能自己完成这个任务,妈妈会在一旁支持你。"

询问兴趣爱好："你最近对什么特别感兴趣?我们可以一起

探索。"

分享故事： "妈妈小时候也怕黑，但后来我发现勇敢一点儿就不怕了。"

设定目标： "我们这个月的小目标是学会骑自行车，你觉得怎么样？"

引导感恩： "谢谢你帮妈妈拿东西，你真是个贴心的小帮手。"

询问朋友关系： "你和你的好朋友最近玩得开心吗？有没有什么新鲜事？"

鼓励自我决定： "你想穿哪件衣服去公园？自己决定吧。"

引导责任感： "家里的植物需要你每天浇水，你能完成这个任务吗？"

肯定进步： "你现在写字比以前工整多了，继续加油！"

鼓励表达意见： "关于晚餐吃什么，你有什么想法吗？"

提醒礼仪： "见到熟人要打招呼，这是有礼貌的表现。"

分享生活小窍门： "妈妈有个小秘诀，这样洗衣服更干净哟。"

询问梦想： "你长大了想做什么？有什么梦想呢？"

肯定创意： "你的画太有想象力了，我特别喜欢这个颜色搭配。"

引导时间观念： "现在是学习时间，我们可以读一会儿书再休息。"

表达支持： "无论你做什么决定，妈妈都会全力支持你。"

询问健康： "你有没有感觉哪里不舒服？需要妈妈帮忙吗？"

鼓励阅读："这本书很有趣，你可以试试看，读完后告诉妈妈你的感受。"

肯定勇气："你勇敢地尝试了那个高难度动作，真棒！"

引导同理心："如果别人难过，我们应该怎么做才能让他们开心起来？"

提醒安全："过马路时要小心，记得看红绿灯。"

分享知识："你知道吗？地球是圆的，围绕着太阳转。"

询问未来计划："你对这个周末有什么计划吗？"

肯定团队合作能力："你在小组项目中合作得很好，妈妈为你感到高兴。"

鼓励坚持："遇到困难不要放弃，再试一次，你就会成功的。"

引导正面情绪："遇到不开心的事，我们可以想想好的方面，让自己开心起来。"

询问学习感受："你觉得今天的数学课难吗？需要妈妈帮忙讲解吗？"

肯定责任感："你主动帮忙做家务，真是个负责任的孩子。"

引导情绪管理："生气的时候，我们可以深呼吸，让自己冷静下来。"

鼓励自我反思："今天有没有什么事让你觉得可以做得更好？我们可以一起想想办法。"